AF242605

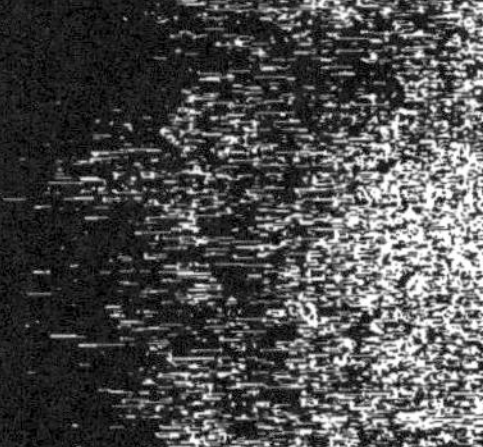
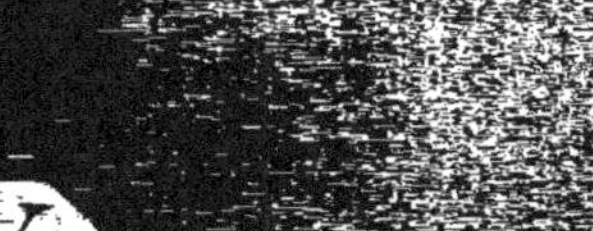
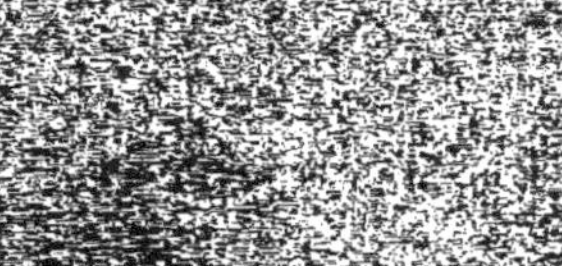
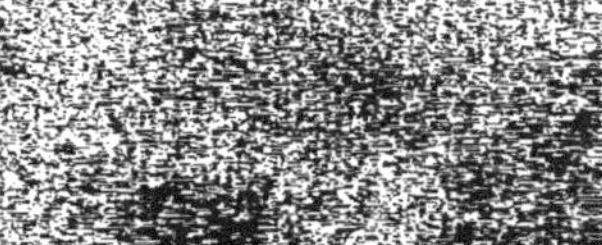
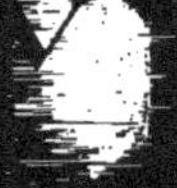

MENUISERIE

SÉRIE

DES

PRIX DE RÈGLEMENT

APPLICABLES AUX TRAVAUX EXÉCUTÉS DANS LA

VILLE DE PARIS

ÉTABLIE PAR

LA CHAMBRE SYNDICALE DES ENTREPRENEURS

DE

MENUISERIE

PRIX : TROIS FRANCS

PARIS

AU SECRÉTARIAT GÉNÉRAL DES CHAMBRES SYNDICALES

13, rue de la Sainte-Chapelle, 13

—

1867

MENUISERIE

SÉRIE DE PRIX

OBSERVATION GÉNÉRALE — Les Prix de Règlement se composent :

1° Des déboursés pour la main-d'œuvre et pour la fourniture;

2° Des faux frais appliqués à la main-d'œuvre seulement;

3° Du bénéfice appliqué aux prix de la main-d'œuvre et des fournitures et aux faux frais :

Pour la Menuiserie
- Les faux frais sont fixés à 1/6
- Le bénéfice à.................. 1/10

PRIX DE BASE

DÉSIGNATION	DÉBOURSÉS	RÈGLEMENT		OBSERVATIONS	Nᵒˢ D'ORDRE
	fr. c.	fr. c.			
CHAPITRE PRÉLIMINAIRE					
JOURNÉES					
De menuisier...	4 50	5 80			1
De Parqueteur...	5 25	6 80			2
La durée des journées est de dix heures de travail effectif.............	Observ	Observ			3
Il n'est pas fait de distinction entre les journées d'été et celles d'hiver. Les ouvriers sont payés par heure, à raison de 1/10 du prix des journées...	Observ	Observ			4
La nuit sera payée moitié en plus du prix de la journée.............	Observ	Observ			5
Pour les travaux à la lumière faits durant la journée, il ne sera tenu compte que de la valeur de l'éclairage...........................	»	»			6
Les journées de campagne seront payées en plus-value sur les journées de Paris, à prix débattus à l'amiable........................	»	»			7

DÉSIGNATION	DÉBOURSÉS	RÉGLEMENT		OBSERVATIONS	Nᵒˢ D'ORDRE
	fr. c.	fr. c.			
MATÉRIAUX					
Tous les prix qui suivent comprennent la valeur du transport des bois, du chantier du marchand à celui de l'entrepreneur..............	Observ	Observ			8
Chêne de bateau					
De rebut pour remplissage, de 0,027 d'épaisseur, le mètre sup.......	1 70	1 87			9
Pour cloison de cave de 0,027 à 0,034 (coupé aux longueurs de commerce)... le mètre sup....................................	2 15	2 37			10
Pour cloison de cave de 0,034 à 0,041 (coupé aux longueurs de commerce)... le mètre sup....................................	2 50	2 75			11
Chêne de Champagne					
Feuillet de...... 0,013 sur 0,23 et 2,00............. le mètre lin.	0 70	0 77			12
Panneau de..... 0,020 sur 0,23 et 2,00................ id.....	0 85	0 94			13
Entrevoux de... 0,027 sur 0,23 et 2,00................ id.....	1 10	1 21			14
Entrevoux de rebut.. » .... et 2,00................ id.....	0 65	0 72			15
Planche (unité) de 0,034 sur 0,23 et 2,00................ id.....	1 40	1 54			16
Id........ de 0,041 sur 0,22 et 2,00................ id.....	1 40	1 54			17
Id........ de 0,061 sur 0,15 et 2,00................ id.....	1 40	1 54			18
Id. de rebut... » .... » .... 2,00................ id.....	0 95	1 05			19
Doublette... de 0,054 sur 0,32 et 2,00................ id.....	2 90	3 19			20
Petit battant de 0,075 sur 0.234 et 2,00................ id.....	2 90	3 19			21
Membrure... de 0,08 sur 0,15 et 2,00................ id.....	1 50	1 65			22
Battants de porte cochère de 0,11 sur 0,32 et 2,00...... id.....	6 00	6 60			23
Chevron..... de 0,08 sur 0.08 et 2,00................ id.....	1 10	1 21			24
Chêne du Nord					
Le mètre cube.....................................	320 00	352 00			25
Charme					
Membrure.... de 0,08 sur 0,14 et 2,00........... le mètre lin.	1 25	1 38			26
Hêtre					
En planche, un douzième de moins que le chêne.................	Observ	Observ			27
En table, les mêmes prix que le chêne jusqu'à 0,05 d'épaisseur......	Observ	Observ			28
Id au-dessus de 0,05 d'épaisseur, 1/4 en sus..................	Observ	Observ			29
Sapin de bateau					
De rebut, pour remplissage, de 0,027 d'épaisseur .... le mètre sup.	0 95	1 05			30
Étroit, équarri de 0,027 sur 0,15 à 0,16 de large........... id.....	1 25	1 38			31

DÉSIGNATION	DÉBOURSÉS	RÈGLEMENT	OBSERVATIONS	Nᵒˢ D'ORDRE
	fr. c.	fr. c.		
Marchand....... { de 0,027 sur 0,22 et 1,95 à 3,90....... id.....	1 50	1 65		32
{ de 0,027 sur 0,22 et 4,25 à 5,85....... id.....	1 75	1 93		33
Pour échafaud, de 0,034 à 0,041...................... id.....	2 15	2 37		34
Plats-bords...... { de 0,054 d'épaisseur sur 0,36 réduit de large et 17,00 de long................... la paire....	35 00	38 50		35
{ de 0,065 sur 0,33 et 17,50............. id....	42 50	46 75		36
{ de 0,060 d'un bout sur 0,08 et 0,20 sur 0,050 de l'autre bout, et 22,75 de longueur... la paire.	70 00	77 00		37
Roannais, de 0,08 sur 0,32 et 16,00 de long....:.......... id.....	50 00	55 00		38

Sapin de Lorraine

DÉSIGNATION	DÉBOURSÉS	RÈGLEMENT	OBSERVATIONS	Nᵒˢ D'ORDRE
Planche (unité), de 0,027 sur 0,32 et 3,57.......... le mètre lin.	0 74	0 81		39
Id........ de 0,034 sur 0,32 et 3,90................ id.....	0 90	0 99		40
Id........ de 0,041 sur 0,25 et 3,90................ id.....	0 90	0 99		41
Madrier de 0,054 à 0,065 sur 0,22 et 3,90................ id.....	1 50	1 65		42

Sapin du Nord

DÉSIGNATION	DÉBOURSÉS	RÈGLEMENT	OBSERVATIONS	Nᵒˢ D'ORDRE
Feuillet de 0,013 sur 0,22 et 2,00................. le mètre lin.	0 38	0 42		43
Feuillet de 0,018 sur id...., id...................... id.....	0 43	0 47		44
Planche (unité) de 0,027 sur 0,22 et 2,00............... id.....	0 55	0 61		45
Id........ de 0,034 sur 0,22 et 2,00................ id.....	0 70	0 77		46
Madrier (sapin blanc) de 0,08 sur 0,22 et 2,00............ id.....	1 40	1 54		47
Id.. (sapin rouge) de 0,08 sur 0,22 et 2,00............ id.....	1 70	1 87		48
Chevron de 0,08 sur 0,08 et 2,00...................... id.....	0 55	0 61		49
Basting de 0,050 à 0,065 sur 0,16 et 2,00............ id.....	0 90	0 99		50
Observation. — Les épaisseurs ci-dessus sont des types généraux de classification. Aucune de ces épaisseurs ne peut être rigoureusement conservée..	»	»		51
Observation. — Tous les bois fournis par l'Entrepreneur au-dessous des longueurs portées au tableau ci-dessus, lui seront payés 1/6 en plus des prix indiqués..................................	»	»		52

Clous d'épingle

DÉSIGNATION	DÉBOURSÉS	RÈGLEMENT	OBSERVATIONS	Nᵒˢ D'ORDRE
De 0,050 à 0,10 pour travaux à la journée................ le kilog.	0 70	0 80		53
Fins au-dessus de 0,050............................ id.....	1 20	1 35		54

Colle forte

DÉSIGNATION	DÉBOURSÉS	RÈGLEMENT	OBSERVATIONS	Nᵒˢ D'ORDRE
Ordinaire.. le kilog.	1 80	1 98		55
De Givet, 1ʳᵉ qualité.................................. id.....	2 20	2 42		56

PRIX DE RÈGLEMENT

DÉSIGNATION	SAPIN	CHÈNE	OBSERVATIONS	N° D'ORDRE
	fr. c.	fr. c.		

CHAPITRE PREMIER

OUVRAGES EN BOIS FOURNI AU MÈTRE SUPERFICIEL

ARTICLE PREMIER

Bois de bateau

CLOISONS, TABLETTES, PLANCHERS ET PORTES

DÉSIGNATION	SAPIN	CHÈNE	OBSERVATIONS	N° D'ORDRE
A claire-voie, en bois de bateau	1 00	1 20		57
Étroit — non coupé	1 75	2 50		58
Étroit — coupé	2 00	3 40		59
Étroit — dressé	2 30	3 80		60
de 0.027 — jointif ou non — non coupé	2 25	3 00		61
de 0.027 — jointif ou non — coupé	2 50	3 40		62
de 0.027 — jointif ou non — dressé	2 80	3 80		63
0.034 ou 0.041 — jointif ou non — non coupé	2 80	3 50		64
0.034 ou 0.041 — jointif ou non — coupé	3 10	3 90		65
0.034 ou 0.041 — jointif ou non — dressé	3 40	4 30		66
1 parement blanchi	0 40	0 60		67

ARTICLE II

CLOISONS OU CLOTURES PROVISOIRES

DÉSIGNATION	SAPIN	CHÈNE	OBSERVATIONS	N° D'ORDRE
Bois de bateau	1 20	1 75		68
En location, dont la durée n'excédera pas 90 jours en bois vieux ou neufs, posés jointifs, déposés et compris double transport.. — 0.027	1 40	1 80		69
— 0.034	1 60	2 35		70
— 0.041	1 90	2 80		71
Pour chaque mois en plus 1/20 du prix ci-dessus	Observ	Observ		72
Si les bois sont placés extérieurement, ils seront augmentés de 1/10...	Observ	Observ		73
S'ils ont été recouverts en plâtre, ils seront augmentés de 1/4	Observ	Observ		74

ARTICLE III

CLOISONS, TABLETTES, PARTIES UNIES, EN PLANCHES ENTIÈRES

DÉSIGNATION	SAPIN	CHÈNE	OBSERVATIONS	N° D'ORDRE
0.013 — 1 parement — dressé	3 40	5 00		75
0.013 — 1 parement — rainé	3 55	5 45		76
0.013 — 1 parement — collé	3 85	5 65		77
0.013 — 1 parement — rainé, collé, assemblé à tenons	4 40	6 55		78
0.013 — 1 parement — id., à queues ou emboîté	4 70	7 15		79
0.013 — 2° parement, en plus des prix ci-dessus	0 30	0 45		80
0.013 — Moins-value pour bois brut — dressé	0 45	0 55		81
0.013 — Moins-value pour bois brut — non dressé	0 75	1 00		82

DÉSIGNATION	SAPIN	CHÊNE	OBSERVATIONS	N° D'ORDRE
	fr. c.	fr. c.		
SUITE DES OUVRAGES EN BOIS FOURNI AU MÈTRE SUPERFICIEL				
1 parement — dressé	3 75	6 20		83
1 parement — rainé	4 00	6 55		84
1 parement — collé	4 30	7 00		85
1 parement — rainé, collé, assemblé à tenons	4 95	8 00		86
1 parement — id., à queues ou emboîté	5 30	8 60		87
0.018 — 2ᵉ parement, en plus	0 35	0 50		88
Moins-value pour bois brut — dressé	0 50	0 60		89
Moins-value pour bois brut — non dressé	0 85	1 20		90
1 parement — dressé	4 10	7 20		91
1 parement — rainé	4 45	7 90		92
1 parement — collé	4 80	8 20		93
1 parement — rainé, collé, assemblé à tenons	5 50	9 20		94
1 parement — id., à queues	6 00	9 90		95
1 parement — id., emboîté sans clefs	6 00	9 50		96
0.027 — 2ᵉ parement, en plus	0 40	0 55		97
Plus-value de clefs rapportées	0 40	0 55		98
Moins-value pour bois brut — dressé	0 55	0 80		99
Moins-value pour bois brut — non dressé	0 90	1 30		100
1 parement — dressé	5 00	9 30		101
1 parement — rainé	5 55	10 00		102
1 parement — collé	5 95	10 40		103
1 parement — rainé, collé, assemblé à tenons	6 70	11 40		104
1 parement — id., à queues	7 25	12 10		105
1 parement — id., emboîté sans clefs	7 25	11 60		106
0.034 — 2ᵉ parement, en plus	0 45	0 65		107
Plus-value des clefs rapportées	0 50	0 65		108
Moins-value pour bois brut — dressé	0 60	0 80		109
Moins-value pour bois brut — non dressé	1 10	1 50		110
1 parement — dressé	5 95	10 20		111
1 parement — rainé	6 45	11 00		112
1 parement — collé	6 85	11 50		113
1 parement — rainé, collé, assemblé à tenons	7 70	12 50		114
1 parement — id., à queues	8 40	13 20		115
1 parement — id., emboîté sans clefs	8 40	12 75		116
0.041 — 2ᵉ parement, en plus	0 50	0 75		117
Plus-value des clefs rapportées	0 70	0 75		118
Moins-value pour bois brut — dressé	0 70	0 90		119
Moins-value pour bois brut — non dressé	1 30	1 70		120
1 parement — dressé	7 85	13 50		121
1 parement — rainé	9 00	14 50		122
1 parement — collé	9 60	15 10		123
1 parement — rainé, collé, assemblé à tenons	10 70	16 30		124
1 parement — id., à queues	11 70	17 20		125
1 parement — id., emboîté sans clefs	11 70	16 75		126
0.054 — 2ᵉ parement, en plus	0 60	0 90		127
Plus-value des clefs rapportées	0 70	0 90		128
Moins-value pour bois brut — dressé	0 90	1 20		129
Moins-value pour bois brut — non dressé	1 65	2 00		130

DÉSIGNATION	SAPIN	CHÊNE	OBSERVATIONS	Nᵒˢ D'ORDRE
	fr. c.	fr. c.		
SUITE DES OUVRAGES EN BOIS FOURNI AU MÈTRE SUPERFICIEL				
0.061..... (Bastings ou membrettes) — 1 parement.... dressé	8 85	14 55		131
rainé	10 00	15 55		132
collé	10 60	16 55		133
rainé, collé, assemblé à tenons	11 70	17 35		134
id., à queues	12 70	18 25		135
id., emboîté sans clefs	12 70	17 80		136
2ᵉ parement, en plus	0 70	1 00		137
Plus-value des clefs rapportées	0 75	1 05		138
Moins-value pour bois brut — dressé	0 95	1 25		139
non dressé	1 75	2 10		140
0.080..... — 1 parement.... dressé	10 75	16 70		141
rainé, avec ou sans languettes, en chêne	12 30	17 80		142
collé	13 25	18 50		143
rainé, collé, assemblé à tenons	14 60	19 80		144
id., à queues	15 50	20 80		145
id., emboîté sans clefs	15 50	20 10		146
2ᵉ parement, en plus	0 75	1 05		147
Plus-value des clefs rapportées	0 85	1 10		148
Moins-value pour bois brut — dressé	1 05	1 30		149
non dressé	2 00	2 30		150

ARTICLE IV

PLUS-VALUES APPLICABLES AUX PRIX DE L'ARTICLE 3

DÉSIGNATION	SAPIN	CHÊNE	OBSERVATIONS	Nᵒˢ D'ORDRE
Parties pleines par frises, 1/10 en plus	Observ	Observ		151
Les baguettes seront comptées à part	Observ	Observ		152
Les triglyphes au milieu d'un joint seront comptées doubles	Observ	Observ		153
Circulaires en plan, moitié en plus	Observ	Observ		154
Toutes parties assemblées à queues, et en ayant plus de 3 par mètre, seront comptées à part au prix des assemblages	Observ	Observ		155
Les travaux en grisard seront payés au prix moyen entre le chêne et le sapin	Observ	Observ		156
Ceux en peuplier au prix du sapin	Observ	Observ		157

ARTICLE V

PLANCHERS ET PARQUETS, LAMBOURDES

DÉSIGNATION	SAPIN	CHÊNE	OBSERVATIONS	Nᵒˢ D'ORDRE
Valeur des lambourdes en chêne (pour bois), la pose étant comptée dans celle des parquets. (le mètre linéaire). — 0.027 de...... 0.08 de largeur	» »	0 30		158
0.01 en plus ou en moins	» »	0 03		159
0.034 de...... 0.08 de largeur	» »	0 40		160
0.01 en plus ou en moins	» »	0 05		161
0.041 de...... 0.08 de largeur	» »	0 50		162
0.01 en plus ou en moins	» »	0 06		163
0.054 de...... 0.08 de largeur	» »	0 60		164
0.01 en plus ou en moins	» »	0 07		165
0.08 de....... 0.08 de largeur	» »	0 70		166
0.01 en plus ou en moins	» »	0 09		167
Il sera toujours accordé 2 m. 50 de lambourdes pour parquet à l'anglaise.	» »	Observ		168
......Id............ 3 m. 00....dᵒ....pour.dᵒ..à point de Hongrie	» »	Observ		169

DÉSIGNATION	SAPIN		CHÊNE	OBSERVATIONS	Nᵒˢ D'ORDRE
	fr. c.		fr. c.		
SUITE DES OUVRAGES EN BOIS FOURNI AU MÈTRE SUPERFICIEL					
Il sera toujours accordé 4 m. 50....d°....pour les parquets retournés en tous sens............	»	»	Observ		170
Lambourdes (Observation sur les) — Lorsque les lambourdes ne seront point posées sous des parqnets, on ajoutera la valeur de leur pose pour celles.................... (de 0.027 à 0.041...	»	»	0 10		171
de 0.054 et au-dessus ..	»	»	0 15		172
Lorsque les lambourdes seront brochées sur les solives, il sera ajouté par mètre linéaire, compris entailles et broches........................	»	»	0 15		173
Les cales seront comptées à part au-dessus de 0.20 de long.............................	»	»	Observ		174
Lorsque les lambourdes seront garnies de clous à bateau, elles seront payées 0,05 en plus par mètre linéaire	»	»	Observ		175
Et quand la fourniture des clous n'aura pas été faite par le serrurier, il en sera tenu compte au menuisier................................	»	»	Observ		176

Planchers et Parquets, en frises, en feuilles, compris pose des lambourdes, non compris replanissage

A L'ANGLAISE

DÉSIGNATION	SAPIN		CHÊNE	Nᵒˢ D'ORDRE
Frises de 0.16, de 0.027 d'épaisseur.............................	4 50		» »	177
Id... de 0.11 — de 0.027....id.....................................	4 60		8 25	178
de 0.034....id.....................................	5 65		10 65	179
de 0.041....id.....................................	»	»	12 70	180

POINT DE HONGRIE

en chêne, 1.95 ou 2.20 de longueur.

DÉSIGNATION	SAPIN		CHÊNE	Nᵒˢ D'ORDRE
Coupé en deux frises de : — 0.11 et de. — 0.027 d'épaisseur....................	»	»	8 60	181
0.034 id.	»	»	12 40	182
0.041 id.	»	»	13 80	183
0.08 et de. — 0.027 d'épaisseur....................	»	»	9 30	184
0.034 id.	»	»	13 20	185
0.041 id.	»	»	15 00	186
Coupé en trois frises de : — 0.11 et de. — 0.027 d'épaisseur....................	»	»	9 25	187
0.034 id.	»	»	13 00	188
0.041 id.	»	»	14 25	189
0.08 et de. — 0.027 d'épaisseur....................	»	»	10 00	190
0.034 id.	»	»	14 20	191
0.041 id.	»	»	15 75	192
Chêne de 0.027, frises de 0.08 à 0.09 de large et de 0.45 à 0.50 d'écartement retourné en tous sens, mesurés entre joints de milieu en milieu.................................	»	»	14 00	193
Idem., de 0.35 à 0.40 d'écartement, *idem*........................	»	»	15 50	194
En feuilles : bâtis de 0.034, panneaux 0.027....................	»	»	15 00	195
En chêne : — de 0.041, — 0.034....................	»	»	16 50	196
Nota. Lorsque les parquets seront en merrain, ou en bois de Hollande, on ajoutera une plus-value de *un quart* sur les prix ci-dessus...	»	»	1/4	197
Replanissage avant ou après le travail des peintres, *le mètre superficiel*....................	»	»	0 40	198

2

DÉSIGNATION	SAPIN	CHÊNE	OBSERVATIONS	Nᵒˢ D'ORDRE
	fr. c.	fr. c.		
SUITE DES OUVRAGES EN BOIS FOURNI AU MÈTRE SUPERFICIEL				
Lambris d'appui dit Gourguechon				
1 parement posé sur bitume et de 0.018 d'épaisseur.............	6 00	» »		199
Planchers et Parquets sur bitume				
Frises .... { A bâtons rompus, posés par frises de 0.11 de largeur, sur 0.35 à 0.40 de longueur sur une aire en gravois de 0.05 à 0.10 d'épaisseur passée au crible, scellés à bain de bitume (sans lambourdes). le mètre superficiel, compris effleurage avant ou après le travail des peintres.	8 00	10 00		200
A point de Hongrie, même système, les frises en chêne de 0.50 de longueur et de 0.027 d'épaisseur....	» »	10 50		201
Planchers et Parquets en frises, avec languettes en fer sur bitume				
A bâton rompu, par frises de 0.11 de largeur, posées à bain de bitume, de 0.013 d'épaisseur, compris effleurage, avant ou après le travail des peintres..................... le mètre superficiel.	8 00	10 00		202
A point de Hongrie, même système, plus-value par mètre sur chacun des prix ci-dessus..................................	» »	0 50		203
Retourné sur tous sens, plus-value pour chaque losange........	» »	1 50		204
Les parquets en hêtre, 1/10 de moins que ceux en chêne.......	» »	Observ		205
Scellements et augets en bitume sous parquets				
A l'anglaise, sans fourniture de lambourdes.....................	» »	3 35		206
A point de Hongrie..	» »	3 70		207
A compartiments..	» »	4 10		208
Les lambourdes seront payées suivant leurs épaisseurs et largeurs.	» »	Observ		209
Le replanissage des parquets sur bitume sera payé au prix de l'article 198...	» »	Observ		210
Plus-value sur les parquets. { Aux parties à points de Hongrie de 0.45 à 0.50 d'écartement, frises chêne, 0.027 sur 0ᵐ,11, retournées au milieu, chaque losange sera compté en plus.............................	» »	2 50		211
Aux parquets ci-dessus qui auront des frises d'encadrement, il sera ajouté par mètre superficiel.	» »	0 75		212
Et pour encadrement entre deux frises, il sera ajouté..	» »	1 20		213

ARTICLE VI
CHASSIS, PORTES VITRÉES, CROISÉES, PERSIENNES ET JALOUSIES

Châssis ordinaires, sans dormants ravalés de moulures (ceux en sapin avec petits bois en chêne)

DÉSIGNATION	SAPIN	CHÊNE	OBSERVATIONS	Nᵒˢ D'ORDRE
0.027 .... { grands carreaux................................	5 30	6 10		214
petits carreaux................................	5 70	6 70		215
0.034 .... { grands carreaux................................	6 00	7 80		216
petits carreaux.	6 70	8 40		217
0.041 .... { grands carreaux................................	7 20	8 50		218
petits carreaux................................	7 90	9 50		219

DÉSIGNATION	SAPIN	CHÊNE	OBSERVATIONS	Nᵒˢ D'ORDRE
	fr. c.	fr. c.		
SUITE DES OUVRAGES EN BOIS FOURNI AU MÈTRE SUPERFICIEL				
0.054 .... { grands carreaux...............................	8 70	10 90		220
{ petits carreaux................................	9 50	12 75		221
Nota. Les châssis à 2 parements seront augmentés de 1/7.......	» »	Observ		222
Les dormants de ces châssis seront développés et comptés au mètre linéaire comme bâtis à 4 parements (les assemblages en plus d'un par mètre comptés séparément), ou s'ils sont comptés en superficie, les prix ci-dessus sont augmentés de 1/10...........................	» »	1/10		223
Les châssis sans petits bois qui produiront un mètre superficiel et au-dessus, seront comptés au mètre linéaire, et payés au prix des châssis au mètre linéaire, comme bois neuf........................	Observ	Observ		224
Les châssis ayant moins de deux carreaux par mètre seront diminués de 1/12 des prix, par mètre de châssis à grands carreaux...........	Observ	Observ		225
Seront considérés comme châssis à petits carreaux ceux qui auront plus de quatre carreaux par mètre carré, et comme châssis à grands carreaux ceux qui n'auront pas plus de quatre carreaux par mètre..	Observ	Observ		226
Aux châssis qui auront plus de quatre carreaux par mètre, il sera ajouté 1/30 par carreau.....................................	Observ	Observ		227
Les châssis assemblés à fausses coupes seront payés 1/3 en plus des châssis ci-dessus..	» »	1/3		228
Les châssis sans moulures seront payés 1/20 en moins qu'avec moulures	Observ	Observ		229
Tout châssis avec jet d'eau donnera lieu à une plus-value de hauteur qui sera de une fois la hauteur de la traverse portant jet d'eau.....	Observ	Observ		230
Les châssis à deux parements seront augmentés de 1/10..............	Observ	Observ		231
Les parties vitrées seront mesurées jusqu'au milieu de la traverse d'appui et comptées comme châssis, aux prix qui précèdent...........	Observ	Observ		232
Les parties à panneaux seront payées comme lambris de l'espèce à laquelle elles appartiendront, suivant les prix ci-après, en mesurant comme pour les châssis jusqu'au milieu de la traverse d'appui......	Observ	Observ		233
Pour toutes les moulures arrêtées au ciseau, les arrêts seront comptés à part, aux prix portés aux articles (voir les nᵒˢ 961, 962 et 963)....	Observ	Observ		234
Tous les châssis à riche profil seront payés 1/10 en plus..............	Observ	Observ		235
Tous embrèvements, feuillures et contre-feuillures ou moulures, seront payées séparément..	Observ	Observ		236

ARTICLE VII

CHASSIS A TABATIÈRE (A LA PIÈCE)

			SAPIN SIMPLES sans petits bois.	CHÊNE SIMPLES sans dormant mais avec petits bois	Nᵒˢ D'ORDRE
de 0.034 sur 0.05 à 0.08 petit bois 0.034 sur 0.034.	à l'équerre de	1.10........................	3 75	4 25	237
		1.50........................	4 75	5 05	238
		2.00........................	5 75	6 50	239
		2.50........................	6 75	7 50	240
de 0.041 sur 0.06 à 0.09 petit bois 0.041 sur 0.041	à l'équerre de	1.00........................	4 25	4 75	241
		1.50........................	5 50	6 00	242
		2.00........................	6 75	7 25	243
		2.50........................	8 00	8 50	244
de 0.054 sur 0.07 à 0.10 petit bois 0.054 sur 0.054	à l'équerre de	1.00........................	5 25	6 00	245
		1.50........................	7 25	8 00	246
		2.00........................	9 25	10 00	247
		2.50........................	10 75	11 50	248

Nota. — Aux châssis avec dormant, le dormant sera payé en plus,

DÉSIGNATION	SAPIN		CHÊNE	OBSERVATIONS	N° D'ORDRE
	fr. c.		fr. c.		
SUITE DES OUVRAGES EN BOIS FOURNI AU MÈTRE SUPERFICIEL					
suivant son épaisseur, comme les châssis précédents sans petit bois, soit :					
Châssis de 2.00 à l'équerre et 0.034 d'épaisseur avec petit bois..... 6 fr. 50 ⎫ ⎪ valeur du châssis...... Dormant 2m. 00 à l'équerre et 0.041 d'épaisseur sans petit bois.................... 6 fr. 75 ⎭	» »		13 25		249
Les châssis dont les grandeurs n'existent point ici, seront réglés, par analogie, d'après les différences existant entre les prix des dimensions ci-dessus	» »		Observ		250
ARTICLE VIII					
CROISÉES OUVRANT A NOIX ET GUEULE DE LOUP					
Avec dormant, jet d'eau et pièce d'appui					
Châssis 0.034, dormant 0.034 .... { grands carreaux......... / petits carreaux..........			10 00 / 10 30		251 / 252
Châssis 0.034, dormant 0.041 .... { grands carreaux......... / petits carreaux..........			10 20 / 10 70		253 / 254
Châssis 0.034, dormant 0.054 .... { grands carreaux......... / petits carreaux..........			10 40 / 11 50		255 / 256
Châssis 0.041, dormant 0.054 .... { grands carreaux......... / petits carreaux..........			11 30 / 12 25		257 / 258
Châssis 0.054, dormant 0.080 .... { grands carreaux......... / petits carreaux..........			17 25 / 19 50		259 / 260
Pour les croisées sans petits bois, il sera diminué sur le prix ci-dessus 1/20..............................	» »		1/20		261
Aux croisées de 1 m. 50 et au-dessous, il sera ajouté 0.15 de hauteur en plus..............................	» »		Observ		262
Les croisées moulurées aux deux parements seront payées 1/15 en plus des prix précédents..........	» »		Observ		263
Les portes croisées seront mesurées jusqu'au milieu de la traverse d'appui et comptées comme croisées aux prix précédents........................	» »		Observ		264
Les parties d'appui donneront lieu aux plus-values suivantes : SAVOIR :					
Pour appui uni ou arasé à glace ou à table saillante	» »	5/10			265
Pour appui à petits cadres et panneaux 0.027......	» »	6/10			266
Pour appui à grands cadres, panneaux 0.027, le double	» »	10/10			267
Le tout sans préjudice des panneaux plus épais, plates-bandes, excédants de largeur des cadres, nombre de panneaux et riches profils.................	» »		Observ		268
Les angles arrondis intérieurs, dits coins ronds, seront payés aux prix spéciaux portés pour cet article...	» »		Observ		269
Tout appui ne pourra être compté moins de 0.50 de hauteur, compris plus-value.................	» »		Observ		270
Pour fermeture milieu à double feuillure évasée, on ajoutera 0.05 à la largeur réelle de la croisée....	» »		Observ		271
Les plus-values pour petits carreaux seront semblables à celles des châssis..............................	» »		Observ		271 *bis*

Note — colonne SAPIN (texte vertical) : « Les croisées en sapin n'étant d'aucun usage à Paris, dans les cas exceptionnels, ces travaux seraient payés 1/4 en moins des prix ci-contre. »

Note — *Plus-value pour croisées et portes croisées* ; colonne CHÊNE (texte vertical) : « Du prix de la valeur réelle des croisées auxquelles ils appartiennent. »

DÉSIGNATION	Tout SAPIN	CHÈNE et SAPIN	Tout CHÈNE	OBSERVATIONS	Nᵒˢ D'ORDRE
	fr. c.	fr. c.	fr. c.		
SUITE DES OUVRAGES EN BOIS FOURNI AU MÈTRE SUPERFICIEL					
ARTICLE IX					
PERSIENNES SANS DORMANTS					
Bâtis .... 0.027..	8 20	9 20	10 30		272
0.034..	9 30	10 80	12 00		273
0.041..	10 80	12 50	14 05		274
Brisées par parties de 0.35 à 0.40 de largeur pour se reployer dans les tableaux, 1/5 en sus des prix ci-dessus.........................	1/5	1/5	1/5		275
Par parties au-dessous de 0.35 de largeur, par chaque 0.05 de largeur en moins, 1/5 en sus du prix précédent, augmenté des prix réunis. (Art. 275)...	1/5	1/5	1/5		276
ARTICLE X					
PLUS-VALUE POUR CROISÉES ET PERSIENNES					
De châssis d'imposte dormant, on ajoutera 0.15 à la hauteur réelle d'une croisée, persienne ou porte croisée pour la traverse d'imposte, qui les divise en deux parties sur la hauteur ; cette plus-value comprendra la valeur des doubles traverses et de celle d'imposte ornée ou non de moulures..	» »	» »	Observ		277
De châssis d'imposte ouvrant, on ajoutera 0.25 à la hauteur réelle d'une croisée, persienne ou porte croisée, pour la traverse d'imposte qui les divise en deux par la hauteur ; cette plus-value comprendra la valeur des doubles jets d'eau et pièce d'appui ornée ou non de moulures, celle de tout flottage et assemblage.............................	» »	» »	Observ		278
De châssis ouvrant dans le milieu d'un petit bois sur la hauteur d'une croisée, il sera ajouté à la hauteur réelle 0.10 centimètres.........	» »	» »	0 10		279
De circulaire en plan pour les châssis vitrés, croisées et persiennes, compris tous les assemblages, une fois en plus de la surface réelle..	» »	» »	Observ		280
De circulaire en élévation pour les croisées cintrées en archivolte, les persiennes, les châssis, y compris tous les assemblages quelconques, tels que traits de Jupiter, enfourchements, ceux des trompillons, traverses et battants rayonnants, la surface réelle une fois en plus.....	» »	» »	Observ		281
De circulaire à double courbure, le double de ceux cintrés à simple courbure..	» »	» »	Observ		282
Aucune plus-value de circulaire ne pourra être moindre de 0.30 de surface...	» »	» »	Observ		283
Et lorsque le cintre dépassera 0.30 de flèche, il sera mesuré à la surface réelle et rentrera dans les plus-values relatives aux cintres.........	» »	» »	Observ		284
Toute croisée faite seule donnera lieu à une plus-value de...........	» »	» »	1/7		285
Toute persienne faite seule donnera lieu à une plus-value de........	» »	» »	1/5		286
ARTICLE XI					
JALOUSIES GARNIES DE CORDES ET RUBANS	SAPIN		CHÈNE		
Lames, Tête et le Pavillon unis, peintes à l'huile à trois couches					
Le mètre sup..	9 30		11 00		287
La plus-value d'une couche à l'huile sera payée par mètre superficiel..	» »	1 00	» »		288
Les jalousies à chaînettes en fer, galvanisées.....idem.....idem.....	» »	0 25	» »		289

DÉSIGNATION	Tout SAPIN	CHÊNE et SAPIN	Tout CHÊNE	OBSERVATIONS	Nº D'ORDRE
	fr. c.	fr. c.	fr. c.		
SUITE DES OUVRAGES EN BOIS FOURNI AU MÈTRE SUPERFICIEL					
ARTICLE XII					
LAMBRIS A GLACE ET ARASÉS					
Sans plates-bandes, ayant moins de deux parements par mètre superficiel, avec bâtis de 0,08 réduits					
A GLACE					
Bâtis 0.027, panneaux 0.013.. brut	6 30	7 60	8 80		290
à glace	6 90	8 20	9 60		291
Bâtis 0.034, panneaux 0.018.. brut	6 80	8 80	10 00		292
à glace	7 40	9 60	10 90		293
Bâtis 0.041, panneaux 0.025.. brut	7 50	9 70	11 50		294
à glace	8 20	10 50	12 40		295
Bâtis 0.054, panneaux 0.032.. brut	8 50	11 50	14 50		296
à glace	9 20	12 40	15 60		297
ARASÉS :					
Bâtis 0.027, panneaux 0.013.. brut	6 90	8 00	9 60		298
à glace	7 40	8 60	10 40		299
arasé	7 60	8 80	10 60		300
Bâtis 0.034, panneaux 0.025.. brut	7 50	9 00	11 20		301
à glace	8 40	10 20	12 00		302
arasé	8 80	10 40	12 25		303
Bâtis 0.041, panneaux 0.032.. brut	8 10	10 40	13 25		304
à glace	8 50	10 80	13 80		305
arasé	9 00	11 30	14 40		306
Bâtis 0.054, panneaux 0.040.. brut	8 95	12 00	14 50		307
à glace	9 95	13 00	15 75		308
arasé	10 20	13 50	16 00		309
Bâtis 0.054, panneaux 0.050.. brut	10 40	12 70	16 25		310
arasé	11 75	14 10	18 75		311
Par chaque centimètre en plus de largeur des bâtis, les prix qui précèdent seront augmentés de	1/20	1/20	1/20		312
Nota. — Tout panneau arasé, mais n'effleurant pas le bâti, sera compté néanmoins comme 2ᵉ parement arasé.	Observ	Observ	Observ		313

DÉSIGNATION	BATIS et PANNEAUX SAPIN	BATIS CHÊNE et PANNEAUX SAPIN	BATIS et PANNEAUX CHÊNE	OBSERVATIONS	Nº D'ORDRE
ARTICLE XIII					
LAMBRIS A PETITS CADRES					
Sans plates-bandes, ayant moins de deux panneaux par mètre superficiel, avec bâtis de 0,10 réduits, compris profils de 0,025 à 0,035					
Bâtis 0.027 panneaux 0.013. — 1 parement — brut	7 30	9 00	10 00		314
à glace	7 60	9 50	10 80		315
arasé	7 90	9 75	11 00		316
2 parements	8 20	10 40	11 60		317
Bâtis 0.034 panneaux 0.018 — 1 parement — brut	8 40	10 90	12 30		318
à glace	9 10	11 70	13 40		319
arasé	9 35	12 00	13 75		320
2 parements	9 95	12 50	14 25		321
Bâtis 0.041 panneaux 0.025 — 1 parement — brut	10 30	12 40	14 70		322
à glace	11 10	12 90	15 75		323
arasé	11 30	13 20	16 15		324
2 parements	12 00	14 20	17 30		325

DÉSIGNATION	BÂTIS et PANNEAUX SAPIN	BÂTIS CHÊNE et PANNEAUX SAPIN	BÂTIS et PANNEAUX CHÊNE	OBSERVATIONS	N°s D'ORDRE
	fr. c.	fr. c.	fr. c.		
SUITE DES OUVRAGES EN BOIS FOURNI AU MÈTRE SUPERFICIEL					
Bâtis 0.054 panneaux 0.032 — 1 parement — brut	12 30	14 35	16 80		326
à glace	13 60	15 55	18 00		327
arasé	13 80	15 95	18 50		328
2 parements	15 00	18 20	19 50		329
Plus-values applicables aux lambris à petits cadres					
Par chaque centimètre en plus de largeur des bâtis, les prix qui précèdent seront augmentés du prix réel	1/30	1/30	1/30		330
Chaque centimètre de profil en plus donnera lieu à une augmentation du prix réel de	1/20	1/20	1/20		331
Ceux en moins ne donneront lieu à aucune diminution	Observ	Observ	Observ		332
La différence des profils dans les lambris à deux parements donnera lieu à une augmentation du prix réel de	1/20	1/20	1/20		333
Les abattants à trappes et lambris à petites parties seront payés le double du prix réel des lambris auxquels ils appartiendront	Observ	Observ	Observ		334
Aucun abattant ni lambris ne sera compté à moins de 0.25 de surface	Observ	Observ	Observ		335
Toutes les plus-values comprennent le prix réel, c'est-à-dire augmenté des épaisseurs de panneaux, plates-bandes, etc., ainsi qu'il est dit ci-dessous	Observ	Observ	Observ		336

ARTICLE XIV — LAMBRIS A GRANDS CADRES	BÂTIS CADRES et PANNEAUX SAPIN	BÂTIS et CADRES CHÊNE et PANNEAUX SAPIN	BÂTIS CADRES et PANNEAUX CHÊNE	OBSERVATIONS	N°s D'ORDRE
Embrevés ou par grands cadres, rapportés sans plates-bandes et ayant moins de 2 panneaux par mètre superficiel, avec des bâtis de 0.08 réduits					
Bâtis 0.027 Cadres 0.041 et de même profil panneaux 0.013. — 1 parement — brut	8 60	10 60	12 30		337
à glace	9 30	11 40	13 30		338
arasé	9 70	11 80	13 80		339
2 parements	10 30	12 60	14 40		340
Bâtis 0.034 Cadres 0.054 et de même profil panneaux 0.013. — 1 parement — brut	9 60	12 90	14 50		341
à glace	10 40	13 50	15 30		342
arasé	10 80	13 90	16 00		343
2 parements	11 30	14 60	17 10		344
Bâtis 0.041 Cadres 0.065 et de même profil panneaux 0.018. — 1 parement — brut	10 80	14 80	16 40		345
à glace	11 80	15 40	17 90		346
arasé	12 60	16 90	19 00		347
2 parements	13 40	18 00	20 00		348
Bâtis 0.054 Cadres 0.075 et du même profil panneaux 0.025 — 1 parement — brut	12 80	19 50	21 60		349
à glace	13 30	20 90	23 30		350
arasé	13 90	21 40	23 80		351
2 parements	15 30	22 20	25 10		352
Plus-values applicables aux lambris à grands cadres					
Lorsque les cadres des lambris dont les prix sont dans la colonne du milieu seront en sapin, on déduira pour différence 1/10 du prix porté au présent article	» »	1/10	» »		353
Les lambris dont le double parement sera à petits cadres seront payés 1/10 en plus du prix des lambris arasés	1/10	1/10	1/10		354
Par chaque centimètre de largeur de bâtis en plus, on ajoutera 1/30; ci	1/30	1/30	1/30		355
Par chaque centimètre de largeur de profil de cadre on ajoutera 1/20	1/20	1/20	1/20		356

DÉSIGNATION	BATIS CADRES et PANNEAUX SAPIN	BATIS et CADRES CHÊNE PANNEAUX SAPIN	BATIS CADRES et PANNEAUX CHÊNE	OBSERVATIONS	Nos D'ORDRE
	fr. c.	fr. c.	fr. c.		
SUITE DES OUVRAGES EN BOIS FOURNI AU MÈTRE SUPERFICIEL					
Les largeurs en moins pour bâtis ou profils ne donneront lieu à aucune diminution....................................	Observ	Observ	Observ		357
Dans les lambris à grands cadres, les panneaux à petits cadres ne donneront lieu à aucune diminution du prix réel.......................	Observ	Observ	Observ		358
Les différences de profil dans les lambris à deux parements donneront lieu à une augmentation de 1/15...............................	1/15	1/15	1/15		359
Toutes les plus-values comprennent le prix réel comme aux lambris à petits cadres....................................	Observ	Observ	Observ		360

ARTICLE XV

DIFFÉRENCE ET PLUS-VALUE APPLICABLES AUX LAMBRIS D'ASSEMBLAGE
À petits cadres et à grands cadres

DÉSIGNATION	SAPIN	CHÊNE et SAPIN	CHÊNE		Nos D'ORDRE
Épaisseur des panneaux. { Il sera ajouté ou diminué pour chaque 0.007 d'épaisseur en plus ou en moins.............	0 45		0 70		361

PLUS-VALUES

Sur les lambris ayant par mètre superficiel deux panneaux et au-dessus, il sera ajouté par chaque parement 1/20 du prix réel; ci..............	1/20		1/20		362
Pour plates-bandes simples poussées au pourtour des panneaux, sur les lambris ayant { à plates-bandes...... moins de deux panneaux exclusivement par	0 40		0 50		363
chaque............................... { de deux et au-dessus.	0 15		0 20		364
Pour plates-bandes à moulures poussées au pourtour des panneaux, sur les lambris { à plates-bandes...... ayant moins de deux panneaux exclusive-	0 50		0 65		365
ment par chaque....................... { de deux et au-dessus.	0 20		0 30		366
De flottage........ { D'une traverse de lambris sur les battants, il sera ajouté à la hauteur réelle..............	0 20	0 20	0 20		367
{ D'un battant de lambris sur les traverses, il sera ajouté à la largeur réelle...................	0 25	0 25	0 25		368
De circulaire compris tous les assemblages { En plan, au double de la surface réelle.......	2 fois	2 fois	2 fois		369
pour une surface cintrée.............. { En élévation au double de la surface réelle...	2 fois	2 fois	2 fois		370
{ À double courbure, quatre fois la surface réelle.................................	4 fois	4 fois	4 fois		371
L'emploi du peuplier pour panneaux ou cadres ne donnera lieu à aucune diminution des prix portés pour le sapin....................	Observ	Observ	Observ		372
L'emploi du grisard pour panneaux ou cadres donnera lieu à une augmentation qui sera celle du prix moyen entre les articles bâtis chêne, cadres et panneaux sapin et articles tout chêne....................	Observ	Observ	Observ		373

LONGUEUR DES BOIS DE CHÊNE

Toutes parties unies ou assemblées, châssis, portes ou lambris dont les bâtis dépasseront 3 m. 50, donneront lieu à une augmentation de 1/25 de la valeur réelle de ces parties unies, battants ou traverses, pour chaque 0.25 en plus.....................................	Observ	Observ	Observ		374

ARTICLE XVI

PLUS-VALUE POUR CHÊNE POLI, BOIS DE CHOIX
Pour tous travaux au mètre superficiel

Pour tous les travaux en chêne poli, bois de choix, suivant la qualité du bois et la perfection du travail :					
La plus-value ne sera pas moindre de 1/3 à 1/2....................	Observ	Observ	Observ		375

DÉSIGNATION	SAPIN	CHÊNE et SAPIN	Tout CHÊNE	OBSERVATIONS	N°s D'ORDRE
	fr. c.		fr. c.		
SUITE DES OUVRAGES EN BOIS FOURNI AU MÈTRE SUPERFICIEL					
Dans les lambris, elle sera toujours de la 1/2 à 2/3 en plus...........	» »	Observ	» »		376
Dans les parties montées formant casiers ou meubles, elle sera de 1 fois en plus..	» »	Observ	» . »		377
Toute partie d'assemblage emboîtée ou assemblée en biais, sera mesurée aux 2/3 en réduite et on ajoutera 0.15 en plus	» »	Observ	» »		378
Toute porte à petits ou grands cadres, faite seule en raccord, donnera lieu à une plus-value de 1/10...............................	» »	Observ	» »		379
Tout panneau à jour sera déduit pour la surface du vide apparent et sa valeur réelle...	» »	Observ	» »		380

ARTICLE XVII

PORTES COCHÈRES SANS GUICHETS, BATTEMENTS NI FAISCEAUX

Avec 1er Bâtis, de 0.08 × 0.19, et 2e Bâtis, de 0.054 × 0.15.

Panneaux de 0,027 d'épaisseur, compris clefs

DÉSIGNATION	SAPIN	CHÊNE et SAPIN	Tout CHÊNE	OBSERVATIONS	N°s D'ORDRE
Arasés.................... bruts...........................			19 00		381
à glace...........................			20 00		382
A petits cadres jusqu'à 0.041 de profil. bruts...........................			21 25		383
à glace...........................			22 30		384
arasés...........................			23 40		385
2 parements			25 00		386
A grands cadres jusqu'à 0.054 de profil. bruts...........................			24 20		387
à glace...........................			26 50		388
arasés...........................			27 75		389
2 parements.....................			30 00		390

Panneaux de 0,034 d'épaisseur, compris clefs

DÉSIGNATION	SAPIN	CHÊNE et SAPIN	Tout CHÊNE	OBSERVATIONS	N°s D'ORDRE
Arasés.................... bruts...........................			20 40		391
à glace...........................			21 40		392
A petits cadres jusqu'à 0.045 de profil. bruts...........................			22 50		393
à glace...........................			23 60		394
arasés...........................			24 75		395
2 parements.....................			26 25		396
A grands cadres jusqu'à 0.08 de profil. bruts...........................			27 75		397
à glace...........................			28 25		398
arasés...........................			29 50		399
2 parements.....................			31 00		400

Avec 1er bâtis, de 0.11 × 0.30, et 2e bâtis, de 0.08 × 0.19.

Panneaux de 0.041 d'épaisseur, compris clefs

DÉSIGNATION	SAPIN	CHÊNE et SAPIN	Tout CHÊNE	OBSERVATIONS	N°s D'ORDRE
Arasés.................... bruts...........................			30 50		401
à glace...........................			32 00		402
A petits cadres jusqu'à 0.08 de profil. bruts...........................			32 50		403
à glace...........................			34 25		404
arasés...........................			35 00		405
2 parements			36 25		406
A grands cadres jusqu'à 0.09 de profil. bruts...........................			39 00		407
à glace...........................			40 25		408
arasés...........................			41 00		409
2 parements.....................			43 00		410

3

DÉSIGNATION	BATIS Croix de ST-ANDRÉ PANNEAUX SAPIN	BATIS CHÊNE et PANNEAUX SAPIN	CHÊNE	OBSERVATIONS	N°ˢ D'ORDRE
	fr. c.	fr. c.	fr. c.		
SUITE DES OUVRAGES EN BOIS FOURNI AU MÈTRE SUPERFICIEL					
Panneaux de 0,054 d'épaisseur, compris clefs					
Arasés { bruts			32 25		411
{ à glace			34 25		412
A petits cadres jusqu'à 0.08 de profil. { bruts			36 00		413
{ à glace			37 75		414
{ arasés			38 75		415
{ 2 parements			40 25		416
A grands cadres jusqu'à 0.11 de profil. { bruts			43 00		417
{ à glace			45 00		418
{ arasés			46 50		419
{ 2 parements			48 75		420
PORTES CHARRETIÈRES SANS GUICHETS *Panneaux par planches entières, embrevées et moulurées sur les joints avec croix de Saint-André*			BATIS CHÊNE et PANNEAUX CHÊNE		
Bâtis de 0.054 d'épaisseur jusqu'à 0.20 de largeur. { Croix de St-André de 0.034, panneaux de 0.027, compris clefs	11 00	14 20	16 00		421
{ Croix de St-André de 0.034, panneaux de 0.034, compris clefs	12 25	15 00	17 75		422
{ Croix de St-André de 0.034, panneaux de 0.041, compris clefs	13 25	15 75	19 50		423
Bâtis de 0.08 d'épaisseur jusqu'à 0.22 de largeur. { Croix de St-André de 0.041, panneaux de 0.027, compris clefs	12 25	16 00	19 25		424
{ Croix de St-André de 0.041, panneaux de 0.034, compris clefs	13 25	17 00	20 75		425
{ Croix de St-André de 0.041, panneaux de 0.041, compris clefs	14 25	18 00	22 00		426
Plus-value des panneaux par frises, compris moulures sur les joints POUR UN PAREMENT	SAPIN	CHÊNE et SAPIN	Tout CHÊNE		
Panneaux de 0.027	1 00	1 00	1 40		427
d° de 0.034	1 25	1 25	1 60		428
d° de 0.041	1 50	1 50	2 20		429
Les portes cochères et les portes charretières, avec guichets, seront augmentées de 1/15	Observ	Observ	Observ		430
Tous les battements ou faisceaux seront comptés à part et payés à leur valeur réelle	Observ	Observ	Observ		431
La plus-value pour les longueurs de bois est applicable au-dessus de 4 mètres	Observ	Observ	Observ		432
Celle du chêne poli sera toujours de 1/2 à une fois en sus	Observ	Observ	Observ		433

DÉSIGNATION	SAPIN	CHÊNE	OBSERVATIONS	Nᵒˢ D'ORDRE
	fr. c.	fr. c.		

CHAPITRE II

OUVRAGES EN BOIS FOURNI AU MÈTRE LINÉAIRE

ARTICLE XVIII

Bois neuf brut

BARRES, CHEVRONS, FOURRURES, SOLIVEAUX, TRINGLES, COUVRE-JOINTS
Coupés de longueur, ajustés, posés

DÉSIGNATION	SAPIN	CHÊNE	OBSERVATIONS	Nᵒˢ D'ORDRE
0.027... de 0.10 de large	0 34	0 60		434
0.01 en plus ou en moins	0 024	0 044		435
0.034... de 0.10 de large	0 42	0 84		436
0.01 en plus ou en moins	0 027	0 066		437
0.041... de 0.10 de large	0 55	1 00		438
0.01 en plus ou en moins	0 042	0 077		439
0.054... de 0.10 de large	0 81	1 37		440
0.01 en plus ou en moins	0 064	0 102		441
0.061... de 0.10 de large	0 88	1 41		442
0.01 en plus ou en moins	0 070	0 107		443
0.08.... de 0.10 de large	1 01	1 50		444
0.01 en plus ou en moins	0 080	0 116		445
0.11.... de 0.10 de large	1 50	2 90		446
0.01 en plus ou en moins	0 120	0 205		447

ARTICLE XIX

BARRES, BATIS, CHEVRONS, SOLIVEAUX
Assemblés à entailles ou à sifflet

DÉSIGNATION	SAPIN	CHÊNE	OBSERVATIONS	Nᵒˢ D'ORDRE
0.027... de 0.10 de large	0 48	0 81		448
0.01 en plus ou en moins	0 026	0 055		449
0.034... de 0.10 de large	0 57	1 03		450
0.01 en plus ou en moins	0 042	0 067		451
0.041... de 0.10 de large	0 68	1 12		452
0.01 en plus ou en moins	0 046	0 080		453
0.054... de 0.10 de large	0 90	1 50		454
0.01 en plus ou en moins	0 066	0 110		455
0.061... de 0.10 de large	0 97	1 55		456
0.01 en plus ou en moins	0 073	0 116		457
0.08.... de 0.10 de large	1 10	1 66		458
0.01 en plus ou en moins	0 085	0 128		459
0.11.... de 0.10 de large	1 63	3 06		460
0.01 en plus ou en moins	0 128	0 210		461

DÉSIGNATION	SAPIN	CHÊNE	OBSERVATIONS	N° D'ORDRE
	fr. c.	fr. c.		
SUITE DES OUVRAGES EN BOIS FOURNI AU MÈTRE LINÉAIRE				
ARTICLE XX				
BATIS BRUTS, ASSEMBLÉS A TENONS ET MORTAISES				
0.027... de 0.10 de large	0 55	0 93		462
0.01 en plus ou en moins	0 029	0 057		463
0.034... de 0.10 de large	0 66	1 17		464
0.01 en plus ou en moins	0 044	0 075		465
0.041... de 0.10 de large	0 78	1 27		466
0.01 en plus ou en moins	0 052	0 085		467
0.054... de 0.10 de large	0 99	1 64		468
0.01 en plus ou en moins	0 068	0 118		469
0.061... de 0.10 de large	1 09	1 71		470
0.01 en plus ou en moins	0 075	0 125		471
0.08... de 0.10 de large	1 19	1 83		472
0.01 en plus ou en moins	0 089	0 139		473
0.11... de 0.10 de large	1 74	3 23		474
0.01 en plus ou en moins	0 145	0 225		475
ARTICLE XXI				
Bois neuf corroyé				
BARRES, BANDEAUX, CHAMPS, PLINTHES, TRINGLES				
Ajustés d'onglet ou non, à raison d'une coupe par mètre				
TROIS PAREMENTS				
0.013... de 0.10 de large	0 46	0 62		476
0.01 en plus ou en moins	0 031	0 043		477
0.018... de 0.10 de large	0 49	0 75		478
0.01 en plus ou en moins	0 035	0 052		479
0.027... de 0.10 de large	0 52	0 87		480
0.01 en plus ou en moins	0 039	0 061		481
0.034... de 0.10 de large	0 60	1 16		482
0.01 en plus ou en moins	0 043	0 078		483
0.041... de 0.10 de large	0 80	1 28		484
0.01 en plus ou en moins	0 055	0 088		485
0.054... de 0.10 de large	1 13	1 81		486
0.01 en plus ou en moins	0 085	0 127		487
0.061... de 0.10 de large	1 19	1 90		488
0.01 en plus ou en moins	0 086	0 133		489
0.08... de 0.10 de large	1 30	2 06		490
0.01 en plus ou en moins	0 088	0 146		491
0.11... de 0.10 de large	1 04	3 20		492
0.01 en plus ou en moins	0 136	0 219		493
QUATRE PAREMENTS				
0.013... de 0.10 de large	0 48	0 70		494
0.01 en plus ou en moins	0 032	0 050		495
0.018... de 0.10 de large	0 51	0 83		496
0.01 en plus ou en moins	0 036	0 060		497

DÉSIGNATION	SAPIN	CHÊNE	OBSERVATIONS	Nᵒˢ D'ORDRE
	fr. c.	fr. c.		
SUITE DES OUVRAGES EN BOIS FOURNI AU MÉTRE LINÉAIRE				
0.027... de 0.10 de large	0 55	0 95		498
0.01 en plus ou en moins	0 033	0 067		499
0.034... de 0.10 de large	0 64	1 21		500
0.01 en plus ou en moins	0 038	0 082		501
0.041... de 0.10 de large	0 85	1 34		502
0.01 en plus ou en moins	0 056	0 089		503
0.054... de 0.10 de large	1 18	1 87		504
0.01 en plus ou en moins	0 086	0 129		505
0.061... de 0.10 de large	1 24	1 95		506
0.01 en plus ou en moins	0 088	0 136		507
0.08.... de 0.10 de large	1 36	2 14		508
0.01 en plus ou en moins	0 091	0 150		509
0.11.... de 0.10 de large	2 00	3 40		510
0.01 en plus ou en moins	0 140	0 223		511
Les coupes d'onglet en plus de une par mètre seront payées 1/10 de la valeur de l'ouvrage dont elles feront partie	Observ	Observ		512
Tasseaux				
de 0.027 × 0.027, 4 parements	0 30	0 40		513
ARTICLE XXII				
BATIS ASSEMBLÉS, FEUILLÉS, NERVÉS				
TROIS PAREMENTS				
0.013... de 0.10 de large	0 60	0 85		514
0.01 en plus ou en moins	0 036	0 056		515
0.018... de 0.10 de large	0 64	1 00		516
0.01 en plus ou en moins	0 038	0 065		517
0.027... de 0.10 de large	0 68	1 15		518
0.01 en plus ou en moins	0 040	0 074		519
0.034... de 0.10 de large	0 77	1 33		520
0.01 en plus ou en moins	0 045	0 087		521
0.041... de 0.10 de large	0 88	1 45		522
0.01 en plus ou en moins	0 056	0 098		523
0.054... de 0.10 de large	1 20	1 96		524
0.01 en plus ou en moins	0 086	0 137		525
0.061... de 0.10 de large	1 29	2 06		526
0.01 en plus ou en moins	0 090	0 142		527
0.08.... de 0.10 de large	1 40	2 26		528
0.01 en plus ou en moins	0 097	0 152		529
0.11.... de 0.10 de large	2 10	3 75		530
0.01 en plus ou en moins	0 144	0 243		531
QUATRE PAREMENTS				
0.013... de 0.10 de large	0 69	0 90		532
0.01 en plus ou en moins	0 044	0 061		533
0.018... de 0.10 de large	0 71	1 15		534
0.01 en plus ou en moins	0 047	0 069		535

DÉSIGNATION	SAPIN		CHÊNE	OBSERVATIONS	N° D'ORDRE
	fr. c.		fr. c.		
SUITE DES OUVRAGES EN BOIS FOURNI AU MÈTRE LINÉAIRE					
0.027... { de 0.10 de large	0 72		1 20		536
0.027... { 0.01 en plus ou en moins	0 050		0 078		537
0.034... { de 0.10 de large	0 83		1 39		538
0.034... { 0.01 en plus ou en moins	0 055		0 098		539
0.041... { de 0.10 de large	0 97		1 52		540
0.041... { 0.01 en plus ou en moins	0 066		0 106		541
0.054... { de 0.10 de large	1 34		2 08		542
0.054... { 0.01 en plus ou en moins	0 097		0 144		543
0.061... { de 0.10 de large	1 37		2 20		544
0.061... { 0.01 en plus ou en moins	0 099		0 152		545
0.08.... { de 0.10 de large	1 48		2 43		546
0.08.... { 0.01 en plus ou en moins	0 103		0 168		547
0.11.... { de 0.10 de large	2 20		3 90		548
0.11.... { 0.01 en plus ou en moins	0 152		0 257		549
OBSERVATIONS					
Aux bàtis en chêne de 0.08 d'épaisseur, chaque centimètre en plus de 0.13 sera payé 0.220 en plus au lieu de 0.152 et 0.168	» »	Observ	0 220		550
Lorsque les hachements n'auront pas été faits par le charpentier, il en sera tenu compte au menuisier au prix des hachements portés aux articles 1013, 1014, 1015	» »	Observ	» »		551
Toutes les fourrures seront payées à part	» »	Observ	» »		552
Les broches, pattes et vis seront également comptées à part pour pose et fourniture	» •	Observ	» »		553
Chaque assemblage en plus de un par mètre sera payé en plus au prix de l'article 951	» •	Observ	» »		554
Tout assemblage biais irrégulier ou d'onglet sera augmenté de 1/2	» »	Observ	» »		555
Tous les bàtis à 4 parements pourront, sans augmentation de prix, avoir une feuillure ou une rainure, mais le surplus sera payé en plus	» •	Observ	» »		556
Les bàtis à 3 parements ajustés à rainure sur une rive seront comptés à 4 parements	» •	Observ	» »		557
Tous les hachements pour briques faits sur bàtis à 3 parements seront comptés bàtis à 4 parements	» »	Observ	» »		558
Aux bàtis chêne au-dessus de 3 m. 50 de long, il sera ajouté 1/20 de la valeur de ces bàtis par chaque 0.50 en plus	» »	Observ	» »		559
ARTICLE XXIII					
BÀTIS DE TENTURE					
0.013... { de 0.10 de large	0 52		0 75		560
0.013... { 0.01 en plus ou en moins	0 036		0 055		561
0.018... { de 0.10 de large	0 55		0 82		562
0.018... { 0.01 en plus ou en moins	0 037		0 060		563
0.027... { de 0.10 de large	0 57		0 90		564
0.027... { 0.01 en plus ou en moins	0 039		0 065		565
0.034... { de 0.10 de lagre	0 67		1 20		566
0.034... { 0.01 en plus ou en moins	0 045		0 082		567
0.041... { de 0.10 de large	0 76		1 28		568
0.041... { 0.01 en plus ou en moins	0 050		0 090		569

DÉSIGNATION	SAPIN		CHÊNE	OBSERVATIONS	Nᵒˢ D'ORDRE
	fr. c.		fr. c.		
SUITE DES OUVRAGES EN BOIS FOURNI AU MÈTRE LINÉAIRE					
0.054... de 0.10 de large	1 00		1 70		570
0.01 en plus ou en moins	0 075		0 125		571
0.061... de 0.10 de large	1 15		1 95		572
0.01 en plus ou en moins	0 078		0 135		573
0.08.... de 0.10 de large	1 20		2 05		574
0.01 en plus ou en moins	0 085		0 150		575
La même plus-value pour cales et hachements sera comptée comme aux articles 551 et 552	» »	Observ	» »		576
ARTICLE XXIV					
COULISSES RAINÉES					
0.027... de 0.10 de large	0 53		0 84		577
0.01 en plus ou en moins	0 033		0 057		578
0.034... de 0.10 de large	0 66		1 19		579
0.01 en plus ou en moins	0 043		0 079		580
0.041... de 0.10 de large	0 77		1 30		581
0.01 en plus ou en moins	0 048		0 086		582
0.054... de 0.10 de large	1 10		1 76		583
0.01 en plus ou en moins	0 076		0 126		584
0.061... de 0.10 de large	1 15		1 85		585
0.01 en plus ou en moins	0 078		0 154		586
0.08.... de 0.10 de large	1 27		2 03		587
0.01 en plus ou en moins	0 081		0 150		588
ARTICLE XXV					
ENTRETOISES, POTEAUX DE REMPLISSAGE					
0.027... de 0.10 de large	0 59		0 91		589
0.01 en plus ou en moins	0 035		0 061		590
0.034... de 0.10 de large	0 74		1 23		591
0.01 en plus ou en moins	0 044		0 082		592
0.041... de 0.10 de large	0 80		1 37		593
0.01 en plus ou en moins	0 048		0 089		594
0.054... de 0.10 de large	1 13		1 88		595
0.01 en plus ou en moins	0 079		0 131		596
0.061... de 0.10 de large	1 20		2 00		597
0.01 en plus ou en moins	0 081		0 145		598
0.08.... de 0.10 de large	1 30		2 23		599
0.01 en plus ou en moins	0 085		0 164		600
ARTICLE XXVI					
ALAISES, ÉBRASEMENTS, FRISES DE PARQUETS, PILASTRES UNIS, AVANT OU ARRIÈRE-CORPS					
Tous ces ouvrages rainés et collés s'il y a lieu					
0.013... de 0.10 de large	0 56		0 85		601
0.01 en plus ou en moins	0 035		0 056		602
0.018... de 0.10 de large	0 60		0 92		603
0.01 en plus ou en moins	0 036		0 056		604

DÉSIGNATION	SAPIN		CHÊNE	OBSERVATIONS	N° D'ORDRE
	fr. c.	fr. c.	fr. c.		
SUITE DES OUVRAGES EN BOIS FOURNI AU MÈTRE LINÉAIRE					
0.027... { de 0.10 de large	0 66		1 05		605
{ 0.01 en plus ou en moins	0 037		0 058		606
0.034... { de 0.10 de large	0 76		1 29		607
{ 0.01 en plus ou en moins	0 046		0 086		608
0.041... { de 0.10 de large	0 88		1 43		609
{ 0.01 en plus ou en moins	0 056		0 091		610
0.054... { de 0.10 de large	1 25		1 96		611
{ 0.01 en plus ou en moins	0 080		0 137		612

ARTICLE XXVII

BAGUETTES D'ANGLES COUPÉES D'ONGLET, CLOUÉES

DÉSIGNATION	SAPIN		CHÊNE	OBSERVATIONS	N° D'ORDRE
0.015 de diamètre	0 25		0 35		613
0.020 id.	0 30		0 40		614
0.025 id.	0 35		0 50		615

DEMI-RONDES, COUPÉES D'ONGLET, CLOUÉES

DÉSIGNATION	SAPIN		CHÊNE	OBSERVATIONS	N° D'ORDRE
0.015 de diamètre	0 20		0 30		616
0.020 id.	0 25		0 35		617
0.025 id.	0 30		0 40		618

ARTICLE XXVIII

BARRES D'APPUI, PROFIL OLIVE, 0.034 × 0.054

DÉSIGNATION	SAPIN		CHÊNE	OBSERVATIONS	N° D'ORDRE
Chêne	»	» 1 20	» »		619
Noyer	»	» 1 75	» »		620
Acajou de St-Domingue	»	» 3 60	» »		621

PROFIL A GORGE, 0,041 × 0,059

DÉSIGNATION	SAPIN		CHÊNE	OBSERVATIONS	N° D'ORDRE
Chêne	»	» 1 60	» »		622
Noyer	»	» 2 00	» »		623
Acajou de St-Domingue	»	» 4 50	» »		624

ARTICLE XXIX

Bois neufs moulurés
A RAISON D'UNE COUPE D'ONGLET PAR MÈTRE

DÉSIGNATION	SAPIN		CHÊNE	OBSERVATIONS	N° D'ORDRE
Les coupes d'onglet en plus seront payées 1/10 de la valeur de l'ouvrage dont elles font partie	»	» Observ	» »		625

BORDURES, CIMAISES, CORNICHES, MOULURES FIGURANT CHAMBRANLES, ETC.
Ajustées, posées

DÉSIGNATION	SAPIN		CHÊNE	OBSERVATIONS	N° D'ORDRE
0.013... { de 0.10 de large	0 60		0 90		626
{ 0.01 en plus ou en moins	0 036		0 068		627
0.018... { de 0.10 de large	0 67		1 00		628
{ 0.01 en plus ou en moins	0 040		0 075		629
0.027... { de 0.10 de large	0 70		1 15		630
{ 0.01 en plus ou en moins	0 014		0 081		631
0.034... { de 0.10 de large	0 90		1 43		632
{ 0.01 en plus ou en moins	0 053		0 107		633
0.041... { de 0.10 de large	1 05		1 55		634
{ 0.01 en plus ou en moins	0 065		0 118		635

DÉSIGNATION	SAPIN		CHÊNE	OBSERVATIONS	Nᵒˢ D'ORDRE
	fr. c.		fr. c.		
SUITE DES OUVRAGES EN BOIS FOURNI, AU MÈTRE LINÉAIRE					
0.054... { de 0.10 de large	1 35		2 07		636
{ 0.01 en plus ou en moins	0 003		0 146		637
0.061... { de 0.10 de large	1 45		2 24		638
{ 0.01 en plus ou en moins	0 100		0 155		639
0.08... { de 0.10 de large	1 60		2 54		640
{ 0.01 en plus ou en moins	0 115		0 174		641
0.11... { de 0.10 de large	2 25		4 15		642
{ 0.01 en plus ou en moins	0 160		0 204		643

PLUS-VALUES

DÉSIGNATION	SAPIN		CHÊNE	OBSERVATIONS	Nᵒˢ D'ORDRE
Toutes les moulures à riche profil seront payées 1/10 en plus	» »	Observ	» »		644
Celles ravalées sur la double face seront payées 1/10 en plus des moulures à riche profil	» »	Observ	» »		645
Toutes les feuillures, rainures, languettes, etc., poussées sur des moulures, seront comptées à part et payées comme feuillure	» »	Observ	» »		646
Toute partie de moulure faite à l'outil détaché pour raccord donnera lieu à une plus-value de 1/10	» »	Observ	» »		647
Les ressauts et parcloses seront estimés à la pièce	» »	Observ	» »		648

ARTICLE XXX

CADRES FIGURANT PANNEAUX

DÉSIGNATION	SAPIN		CHÊNE	OBSERVATIONS	Nᵒˢ D'ORDRE
0.013... { de 0.10 de large	0 80		1 17		649
{ 0.01 en plus ou en moins	0 057		0 082		650
0.018... { de 0.10 de large	0 87		1 28		651
{ 0.01 en plus ou en moins	0 059		0 086		652
0.027... { de 0.10 de large	0 95		1 40		653
{ 0.01 en plus ou en moins	0 061		0 091		654
0.034... { de 0.10 de large	1 10		1 73		655
{ 0.01 en plus ou en moins	0 074		0 126		656
Lorsque les cadres seront faits sur des compartiments irréguliers, ils seront augmentés de 1/3	» »	Observ	» »		657
Ceux posés sous des plafonds donneront lieu à une augmentation de 1/10	» »	Observ	» »		658
Les échafauds seront comptés à part	» »	Observ	» »		659
Les plus-values accordées à l'article précédent sous les nᵒˢ 644 à 648, seront applicables à l'article des cadres	» »	Observ	» »		660

ARTICLE XXXI

CORNICHES VOLANTES, COMPOSÉES DE UNE OU PLUSIEURS PIÈCES
Compris embrèvements ou pentes

DÉSIGNATION	SAPIN		CHÊNE	OBSERVATIONS	Nᵒˢ D'ORDRE
0.013... { de 0.10 de large	0 72		1 05		661
{ 0.01 en plus ou en moins	0 051		0 078		662
0.018... { de 0.10 de large	0 81		1 12		663
{ 0.01 en plus ou en moins	0 053		0 080		664
0.027... { de 0.10 de large	0 90		1 20		665
{ 0.01 en plus ou en moins	0 056		0 083		666

DÉSIGNATION	SAPIN		CHÊNE	OBSERVATIONS	N° D'ORDRE
	fr. c.		fr. c.		
SUITE DES OUVRAGES EN BOIS FOURNI, AU MÈTRE LINÉAIRE					
0.034... de 0.10 de large	1 00		1 52		667
0.01 en plus ou en moins	0 060		0 106		668
0.041... de 0.10 de large	1 15		1 70		669
0.01 en plus ou en moins	0 072		0 122		670
0.054... de 0.10 de large	1 48		2 25		671
0.01 en plus ou en moins	0 116		0 162		672
0.061... de 0.10 de large	1 58		2 37		673
0.01 en plus ou en moins	0 119		0 169		674
0.08.... de 0.10 de large	1 78		2 60		675
0.01 en plus ou en moins	0 123		0 182		676
0.11.... de 0.10 de large	2 48		4 30		677
0.01 en plus ou en moins	0 169		0 301		678
Les plus-values accordées aux nᵒˢ 644 à 648 seront applicables aux corniches volantes	» »	Observ	» »		679
Les échafauds seront également comptés à part	» »	Observ	» »		680

ARTICLE XXXII

CHAMBRANLES A LA CAPUCINE

DÉSIGNATION	SAPIN	CHÊNE	N° D'ORDRE
0.027... de 0.10 de large	0 77	1 15	681
0.01 en plus ou en moins	0 053	0 083	682
0.034... de 0.10 de large	0 91	1 53	683
0.01 en plus ou en moins	0 058	0 102	684
0.041... de 0.10 de large	1 07	1 67	685
0.01 en plus ou en moins	0 072	0 122	686
0.054... de 0.10 de large	1 46	2 32	687
0.01 en plus ou en moins	0 110	0 165	688
0.061... de 0.10 de large	1 53	2 11	689
0.01 en plus ou en moins	0 114	0 172	690
0.08.... de 0.10 de large	1 68	2 68	691
0.01 en plus ou en moins	0 123	0 185	692
0.11.... de 0.10 de large	2 42	4 25	693
0.01 en plus ou en moins	0 169	0 305	694

ARTICLE XXXIII

CHAMBRANLES RAVALÉS SANS SOCLES

Composés ou non de plusieurs pièces

DÉSIGNATION	SAPIN	CHÊNE	N° D'ORDRE
0.018... de 0.10 de large	0 85	1 20	695
0.01 en plus ou en moins	0 056	0 090	696
0.027... de 0.10 de large	0 95	1 40	697
0.01 en plus ou en moins	0 061	0 098	698
0.034... de 0.10 de large	1 11	1 64	699
0.01 en plus ou en moins	0 070	0 115	700
0.041... de 0.10 de large	1 24	1 88	701
0.01 en plus ou en moins	0 075	0 132	702
0.054... de 0.10 de large	1 60	2 55	703
0.01 en plus ou en moins	0 112	0 195	704

DÉSIGNATION	SAPIN fr. c.	fr. c.	CHÊNE fr. c.	OBSERVATIONS	N° D'ORDRE
SUITE DES OUVRAGES EN BOIS FOURNI, AU MÈTRE LINÉAIRE					
0.061 { de 0.10 de large	1 70		2 70		705
0.01 en plus ou en moins	0 116		0 205		706
0.08 { de 0.10 de large	1 85		2 96		707
0.01 en plus ou en moins	0 125		0 220		708
0.11 { de 0.10 de large	2 80		4 60		709
0.01 en plus ou en moins	0 173		0 330		710
Les socles seront comptés à part selon leur force et leur hauteur	» »	Observ	» »		711
Tous articles assemblés d'onglet à raison de 1 assemblage par mètre, tels que cadres de rives de casiers, châssis de devanture, encadrements assemblés et ravalés de moulures, etc., seront payés 1/5 en plus	» »	Observ	» »		712
Les plus-values des n°s 644 à 648 sont applicables aux chambranles ravalés	» »	Observ	» ?		713
ARTICLE XXXIV					
CRÉMAILLÈRES					
En hêtre ou en chêne	» »		0 80		714
MAINS COURANTES					
Profil olive de 0.034 × 0.058 et au-dessous					
Noyer, non vernies	» »	4 80	» »		715
Merisier, id.	» »	5 20	» »		716
Acajou de St-Domingue, vernies	» »	7 50	» »		717
Chaque 0 m. 0023 en plus pour épaisseur ou largeur; pour le { Noyer et merisier	» »	0 15	» »		718
{ Acajou de St-Domingue	» »	0 30	» »		719
Profil à gorge de 0.041 × 0.059 et au-dessous					
Noyer, non vernies	» »	6 05	» »		720
Merisier, id.	» »	6 35	» »		721
Acajou de St-Domingue, vernies	» »	9 50	» »		722
Chaque 0 m. 0023 en plus pour le { Noyer et merisier	» »	0 30	» »		723
{ Acajou	» »	0 45	» »		724
Baguettes prises dans la masse en sus du profil	» »	1 60	» »		725
Chaque membre de moulure en sus de la gorge	» »	1 60	» »		726
Incrustations... plus de la main-courante { le mètre en 2 filets incrustés	» »	1 80	» »		727
6 filets incrustés dans 2 rainures	» »	2 50	» »		728
2 filets variés incrustés et découpés à 0.034 de longueur	» »	3 40	» »		729
Chaque losange simple incrusté	» »	0 50	» »		730
Chaque losange composé de plusieurs couleurs	» »	0 90	» »		731
Nota. — Les mains-courantes seront mesurées sur le côté le plus long, et chaque volute sera comptée pour 0.30 en plus-value. La fourniture des vis, seule, sera comptée à part	» »	Observ	» »		732
Le vernissage dans des cas accidentels sera payé	» »	1 00	» »		733

DÉSIGNATION	SAPIN	CHÊNE	OBSERVATIONS	Nos D'ORDRE
	fr. c.	fr. c.		
SUITE DES OUVRAGES EN BOIS. FOURNI. AU MÈTRE LINÉAIRE				
ARTICLE XXXV				
Bois neufs employés dans les réparations				
BARRES ET EMBOITURES EMBREVÉES A QUEUES				
ou assemblées à tenons et mortaises				
0.027... de 0.10 de large	0 85	1 25		734
0.01 en plus ou en moins	0 050	0 078		735
0.034... de 0.10 de large	0 98	1 72		736
0.01 en plus ou en moins	0 060	0 113		737
0.041... de 0.10 de large	1 20	1 89		738
0.01 en plus ou en moins	0 070	0 126		739
0.054... de 0.10 de large.	1 60	2 56		740
0.01 en plus ou en moins	0 102	0 177		741
0.061... de 0.10 de large	1 70	2 68		742
0.01 en plus ou en moins	0 105	0 187		743
0.08.... de 0.10 de large	1 85	2 93		744
0.01 en plus ou en moins	0 110	0 201		745
BATTANTS DE LAMBRIS A PETITS CADRES				
0.027... de 0.10 de large	0 87	1 30		746
0.01 en plus ou en moins	0 050	0 083		747
0.034... de 0.10 de large	1 05	1 77		748
0.01 en plus ou en moins	0 065	0 118		749
0.041... de 0.10 de large	1 25	1 93		750
0.01 en plus ou en moins	0 081	0 128		751
0.054... de 0.10 de large	1 80	2 65		752
0.01 en plus ou en moins	0 127	0 183		753
BATTANTS DE CROISÉES ET PIÈCES D'APPUI EN CHÊNE				
0.027... de 0.10 de large	» »	1 54		754
0.01 en plus ou en moins	» »	0 085		755
0.031... de 0.10 de large	» »	1 83		756
0.01 en plus ou en moins	» »	0 121		757
0.041... de 0.10 de large	» »	2 00		758
0.01 en plus ou en moins	» »	0 133		759
0.054... de 0.10 de large	» »	2 72		760
0.01 en plus ou en moins	» »	0 188		761
0.061... de 0.10 de large	» »	2 85		762
0.01 en plus ou en moins	» »	0 200		763
0.08.... de 0.10 de large	» »	3 10		764
0.01 en plus ou en moins	» »	0 222		765
0.11.... de 0.10 de large	» »	4 84		766
0.01 en plus ou en moins	» »	0 368		767
Ainsi qu'il a été dit à l'art. 22 les châssis au mètre linéaire seront comptés aux prix portés dans les art. du n° 754 au n° 768 déduction faite de 1/10.	» »	Observ » »		768
BATTANTS DE GUEULE DE LOUP, JETS D'EAU ET PETITS BOIS EN CHÊNE				
0.027... de 0.10 de large	» »	1 60		769
0.01 en plus ou en moins	» »	0 095		770

DÉSIGNATION	SAPIN		CHÊNE		OBSERVATIONS	Nᵒˢ D'ORDRE
	fr.	c.	fr.	c.		
SUITE DES OUVRAGES EN BOIS FOURNI, AU MÈTRE LINÉAIRE						
0.034... { de 0.10 de large..................................	»	»	2	00		771
{ 0.01 en plus ou en moins...........................	»	»	0	134		772
0.041... { de 0.10 de large..................................	»	»	2	25		773
{ 0.01 en plus ou en moins...........................	»	»	0	149		774
0.054... { de 0.10 de large..................................	»	»	3	02		775
{ 0.01 en plus ou en moins...........................	»	»	0	209		776
0.061... { de 0.10 de large..................................	»	»	3	15		777
{ 0.01 en plus ou en moins...........................	»	»	0	226		778
0.08.... { de 0.10 de large..................................	»	»	3	44		779
{ 0.01 en plus ou en moins...........................	»	»	0	260		780
Nota. — Lorsque les ouvrages ci-dessus seront faits et fournis dans les travaux neufs, les prix précédents seront réduits de 1/10..........	»	»	Observ »	»		781
ARTICLE XXXVI						
Les moulures blanchies au procédé, quelle que soit leur nature, seront payées 8/10 en plus de celles ordinaires..................	»	»	Observ »	»		782
Elles auront droit aux mêmes plus-values que les moulures ordinaires.	»	»	Observ »	»		783
ARTICLE XXXVII						
PLUS-VALUES APPLICABLES A TOUS LES OUVRAGES EN BOIS NEUF *Au mètre linéaire*						
Chêne de choix ou en bois de Hollande; la plus-value pour travaux en chêne poli sera de 1/3 à 1/2............................	»	»	Observ »	»		784
Pour tous les travaux ravalés de moulures à riche profil elle sera de 2/3	»	»	Observ »	»		785
Pour les travaux montés comme meubles ou casier, elle sera de 1 fois en sus	»	»	Observ »	»		786
PLUS-VALUES DE CIRCULAIRE						
Débillardés et cintrés sur les 2 rives, une fois en sus de la longueur réelle...	»	»	Observ »	»·		787
Débillardés et cintrés sur une rive, la longueur prise à la plus grande dimension et comptées 1/5 en sus de la longueur réelle.....	»	»	Observ »	»		788
Ployés pour former cintre au moyen de coups de scie; le développement réel sera augmenté de 1/4.................................	»	»	Observ »	»		789
Cintrés à double courbure, le double de ceux à simple courbure.....	»	»	Observ »	»		790
Tous les assemblages en plus de 1 par mètre seront comptés à part...	»	»	Observ »	»		791
Ceux à trait de Jupiter seront également comptés à part, quel que soit leur nombre...	»	»	Observ »	»		792
ARTICLE XXXVIII						
MOINS-VALUES APPLICABLES AUX TRAVAUX EN CHÊNE POLI (NON CIRÉ) *Surfaces et linéaires*						
En surface... { Pour parties unies ordinaires....................	»	»	» »	0 40		793
{ id. à petits cadres....................	»	»	» »	0 50		794
{ id. à grands cadres....................	»	»	» »	0 60		795
Linéaire...... { Fr. 0.01 par centimètre de largeur pour faces unies	»	»	» »	0 01		796
{ Fr. 0.02 id. id. pour face moulurée...	»	»	» »	0 02		797

DÉSIGNATION	SAPIN		CHÊNE	OBSERVATIONS	N° D'ORDRE
	fr. c.	fr. c.	fr. c.		
CHAPITRE III					
OUVRAGES EN VIEUX BOIS AU MÈTRE SUPERFICIEL					
ARTICLE XXXIX					
DÉPOSE AVEC OU SANS ÉCHELLE					
De portes, croisées, châssis, persiennes, tablettes, etc.	» »	0 13	» »		798
De parquets en frises ou en feuilles, etc., compris dépose de lambourdes	» »	0 23	» »		799
De portes cochères ou charretières et devantures, de 0.054 à 0.08 d'épaisseur, dont la dépose aura exigé l'emploi de plusieurs hommes	» »	0 60	» »		300
Par suite du mauvais état des parties remplacées par des menuiseries neuves (pour les portes et croisées...	» »	0 11	» »		801
ou immédiatement déposées ou pour dépose en grandes quantités (pour les parquets...	» »	0 16	» »		802
CLOISONS A CLAIRE-VOIE					
Débitées dans de vieux bois et posées	0 50	» »	0 60		803
CLOISONS ET BARRIÈRES EN BOIS DE BATEAU					
Posées et espacées de 0.04 à 0.05 et clouées	0 35	» »	0 40		804
Posées jointives et clouées	0 45	» »	0 50		805
Posées et clouées de longueur	0 65	» »	0 80		806
Posées et dressées sur les rives	0 90	» »	1 20		807
De plus rainées	1 20	» »	1 70		808
Nota. — Si ces parties sont blanchies, il sera ajouté pour chaque parement	0 40	» »	0 50		809
CLOISONS, TABLETTES, CHASSIS, CROISÉES, PERSIENNES, PORTES, LAMBRIS, ETC.					
Posés	» »	0 45	» »		810
Coupés et posés	» »	0 70	» »		811
Coupés, posés et de plus équarris	» »	0 90	» »		812
Coupés, posés et de plus équarris, rainés ou feuillés au pourtour	» »	1 10	» »		813
ARTICLE XL					
CLOISONS, PARTIES PLEINES, TABLETTES EN BOIS UNIS *Façonnées en entier et posées*					
0.027 d'épaisseur.					
1 parement — dressé sur les rives	1 30		1 70		814
1 parement — rainé	1 60		2 10		815
1 parement — collé	1 80		2 35		816
1 parement — collé et assemblé à tenons	2 20		2 80		817
1 parement — emboîté	2 30		3 00		818
2e parement en plus	0 45		0 60		819

DÉSIGNATION	SAPIN	CHÊNE	OBSERVATIONS	N° D'ORDRE
	fr. c.	fr. c.		
SUITE DES OUVRAGES EN VIEUX BOIS AU MÈTRE SUPERFICIEL				
0.034 d'épaisseur.				
1 parement.... dressé sur les rives	1 60	1 90		820
rainé	1 90	2 40		821
collé	2 00	2 70		822
collé et assemblé à tenons	2 50	3 30		823
emboîté	2 80	3 80		824
2ᵉ parement en plus	0 50	0 65		825
0.041 d'épaisseur.				
1 parement.... dressé sur les rives	1 90	2 30		826
rainé	2 20	2 80		827
collé	2 40	3 30		828
collé et assemblé à tenons	3 00	4 10		829
emboîté	3 30	4 50		830
2ᵉ parement en plus	0 55	0 70		831
0.054 d'épaisseur.				
1 parement.... dressé sur les rives	2 30	2 80		832
rainé	2 70	3 50		833
collé	3 20	4 10		834
collé et assemblé à tenons	3 70	5 00		835
emboîté	4 00	5 40		836
2ᵉ parement en plus	0 60	0 80		837
Plus-value des clefs rapportées dans les parties ci-dessus				
En bois de... 0.027	0 40	0 45		838
0.034	0 50	0 55		839
0.041	0 55	0 65		840
0.054	0 65	0 75		841

ARTICLE XLI

PORTES PLEINES OU VOLETS EMBOITÉS HAUT ET BAS

ou barrés et emboîtés

DÉSIGNATION	SAPIN	CHÊNE	OBSERVATIONS	N° D'ORDRE
Déchevillés et rechevillés seulement	0 50	0 80		842
Déchevillés, retaillés sur la hauteur, rechevillés et reposés	1 30	1 60		843
Déchevillés, mais de plus équarris et retaillés sur tous sens	1 60	2 10		844
NOTA. — Les emboîtures neuves ou refaites à neuf seront déduites des parties retaillées pour leurs surfaces réelles	» »	» »	Observ	845

ARTICLE XLII

PARQUETS DE 0.027 D'ÉPAISSEUR (NON COMPRIS REPLANISSAGE)

EN FRISES A L'ANGLAISE

DÉSIGNATION	SAPIN	CHÊNE	OBSERVATIONS	N° D'ORDRE
Ajustés, reposés	1 20	1 60		846
Équarris, retaillés et rainés par bouts	1 60	2 00		847
Débités dans les vieux parquets du propriétaire, entièrement corroyés, rainés et posés	2 70	3 50		848

DÉSIGNATION	SAPIN		CHÊNE	OBSERVATIONS	N° D'ORDRE
	fr. c.	fr. c.	fr. c.		
SUITE DES OUVRAGES EN VIEUX BOIS AU MÈTRE SUPERFICIEL					
EN POINT DE HONGRIE					
Ajustés et reposés	1 60		2 10		849
Équarris, retaillés et rainés par bouts	2 10		2 80		850
Débités dans de vieux parquets du propriétaire, entièrement corroyés, rainés et posés	3 40		4 60		851
EN FEUILLES					
Ajustées et reposées	» »		1 50		852
Équarries, retaillées et rainées	» »		2 75		853
Les parquets en 0.034 seront payés 1/10 en plus des prix ci-dessus		Observ			854
NOTA. — Les prix ci-dessus comprennent la pose des lambourdes et la fourniture des clous		Observ			855
Les lambourdes ferrées donneront lieu à la même plus-value que pour les parquets neufs		Observ			856
Lorsque le replanissage aura été fait après le passage des peintres, il sera alloué le prix du n° 198		Observ			857
ARTICLE XLIII					
CHASSIS VITRÉS					
Déchevillés et rechevillés seulement	» »		0 30		858
A glace, retaillés de — hauteur	» »		0 75		859
largeur	» »		1 00		860
hauteur et largeur	» »		1 30		861
A petits montants — hauteur	» »		1 40		862
largeur	» »		2 00		863
hauteur et largeur	» »		2 60		864
CROISÉES AVEC DORMANTS					
Déchevillées et rechevillées seulement	» »		0 75		865
Retaillées sur la hauteur ou la largeur, ajustées et posées	» »		1 75		866
Retaillées sur la hauteur et sur la largeur	» »		2 50		867
D° avec changement de compartiments de petits bois	» »		3 20		868
PERSIENNES					
Déchevillées et rechevillées seulement	» «		0 80		869
Retaillées sur la hauteur ou largeur, ajustées, posées	» »		2 20		870
Retaillées sur la hauteur et la largeur	» »		3 00		871
ARTICLE XLIV					
JALOUSIES AU MÈTRE SUPERFICIEL					
Déposées	» »	0 40	» »		872
Reposées	» »	0 60	» »		873

DÉSIGNATION	SAPIN		CHÊNE	OBSERVATIONS	Nᵒˢ D'ORDRE
	fr. c.	fr. c.	fr. c.		
SUITE DES OUVRAGES EN VIEUX BOIS AU MÈTRE SUPERFICIEL					
Déposées, remontées de chaines en rubans, lessivées et reposées.......	» »	2 50	» »		874
Déposées, remontées de chaines en rubans, cordes, lessivées et reposées	» »	2 60	» »		875
Déposées, remontées de chaines en rubans croisés, dits tirants de bottes...............	» »	2 80	» »		876
Déposées, remontées de chaines en chaînettes................	» »	3 00	» »		877
Déposées, remontées et reposées sans fournitures................	» »	1 50	» »		878

ARTICLE XXXXV

LAMBRIS ET PARTIES D'ASSEMBLAGES A PANNEAUX
Déchevillés, rechevillés, reposés

DÉSIGNATION	SAPIN		CHÊNE	OBSERVATIONS	Nᵒˢ D'ORDRE
Pour faces d'armoires, parquets de glace, panneaux à glace et arasés — Sans retaille................	» »	1 40	» »		879
retaillés en — largeur................	» »	1 50	» »		880
retaillés en — hauteur................	» »	1 80	» »		881
retaillés en — hauteur et largeur.........	» »	2 25	» »		882
Pour portes à petits cadres — Sans retaille................	» »	1 70	» »		883
retaillés en — largeur................	» »	2 00	» »		884
retaillés en — hauteur................	» »	2 30	» »		885
retaillés en — hauteur et largeur.........	» »	2 75	» »		886
Pour portes à grands cadres — Sans retaille................	» »	2 00	» »		887
retaillés en — largeur................	» »	2 25	» »		888
retaillés en — hauteur................	» »	2 75	» »		889
retaillés en — hauteur et largeur........	» »	3 75	» »		890
NOTA. — Aux lambris ci-dessus, qui auront des plates-bandes sur les panneaux, il sera ajouté pour chaque face, par mètre superficiel, moitié des plus-values portées aux articles 363, 364, 365, 366 et les mêmes plus-values entières, si les plates-bandes y étaient poussées à neuf................	» »	Observ	» »		891
Aux lambris et autres en chêne poli, il sera ajouté 1/3 en sus compris le poli................	» »	1/3	» »		892
Lorsque le poli ne sera pas fait sur les lambris ci-dessus augmentés de 1/3, la valeur de ce poli sera déduite du prix du mètre superficiel, conformément aux articles 793, 794 et 795................	» »	Observ	» »		893
La plus-value de 2 panneaux et au-dessus par mètre sera applicable aux lambris en vieux bois et donnera lieu aux plus-values portées à l'article 364................	» »	Observ	» »		894

DÉSIGNATION	SAPIN	CHÊNE ou SAPIN	CHÊNE	OBSERVATIONS	Nos D'ORDRE
	fr. c.	fr. c.	fr. c.		

CHAPITRE IV

OUVRAGES EN VIEUX BOIS AU MÈTRE LINÉAIRE

ARTICLE XXXXVI

DÉPOSE AVEC OU SANS ÉCHELLE
Transport au même étage et rangement

DÉSIGNATION	SAPIN	CHÊNE ou SAPIN	CHÊNE	OBSERVATIONS	Nos D'ORDRE
De plinthes, bandeaux, cymaises, moulures, coulisses et entretoises....	» »	0 06	» »		895
De corniches volantes, faites à l'échelle..........................	» »	0 08	» »		896
De bâtis, huisseries et chambranles déchevillés.....................	» »	0 11	» »		897
Nota. — Lorsque les bâtis, huisseries et chambranles n'auront pas été déchevillés, ils ne seront payés que.........................	» »	0 06	» »		898

ARTICLE XXXXVII

TASSEAUX

DÉSIGNATION	SAPIN	CHÊNE ou SAPIN	CHÊNE	OBSERVATIONS	Nos D'ORDRE
Reposés..	» »	0 08	» »		899
Coupés de mesure et posés.......................................	» »	0 13	» »		900
Façonnés entièrement et posés...................................	» »	0 18	» »		901

ARTICLE XXXXVIII

BARRES, CHEVRONS, FOURRURES, TRINGLES, SOLIVEAUX

DÉSIGNATION	SAPIN	CHÊNE ou SAPIN	CHÊNE	OBSERVATIONS	Nos D'ORDRE
De 0.027 à 0.041 d'épaisseur jusqu'à 0.08 à 0.10 de largeur / reposés................................	» »	0 10	» »		902
id. retaillés..............................	» »	0 15	» »		903
débités à la scie.............................	0 20	» »	0 30		904
assemblés à entailles ou à tenons et mortaises....	0 40	» »	0 50		905

COULISSES ET ENTRETOISES

DÉSIGNATION	SAPIN	CHÊNE ou SAPIN	CHÊNE	OBSERVATIONS	Nos D'ORDRE
De 0.027 à 0.034 d'épaisseur sur 0.08 à 0.10 de largeur / reposées...............................	» »	0 14	» »		906
retaillées et reposées....................	» »	0 25	» »		907
façonnées entièrement....................	0 35	» »	0 45		908

ARTICLE XXXXIX

BARRES, CHAMPS, PLINTHES, TRINGLES, BATTEMENTS, AVANT DE ARRIÈRE-CORPS

DÉSIGNATION	SAPIN	CHÊNE ou SAPIN	CHÊNE	OBSERVATIONS	Nos D'ORDRE
De 0.013 à 0.027 d'épaisseur sur 0.08 à 0.12 de largeur / reposés................................	» »	0 14	» »		909
reposés et retaillés.....................	» »	0 25	» »		910
façonnés entièrement....................	0 35	» »	0 45		911

BATIS DE TENTURE

DÉSIGNATION	SAPIN	CHÊNE ou SAPIN	CHÊNE	OBSERVATIONS	Nos D'ORDRE
De 0.027 d'épaisseur sur 0.08 à 0.10 de largeur / reposés................................	» »	0 14	» »		912
reposés et retaillés.....................	» »	0 25	» »		913
façonnés entièrement....................	0 35	» »	0 45		914

DÉSIGNATION	SAPIN	CHÊNE ou SAPIN	CHÊNE	OBSERVATIONS	N° D'ORDRE
	fr. c.	fr. c.	fr. c.		
SUITE DES OUVRAGES EN VIEUX BOIS, AU MÈTRE LINÉAIRE					
ARTICLE L					
BATIS DE PORTES D'ARMOIRE					
De 0.027 à 0.034 d'épais- ⎰ reposés	» »	0 22	» »		915
seur sur 0.08 à 0.10 ⎱ reposés et retaillés	» »	0 40	» »		916
de largeur ⎰ façonnés entièrement	0 55	» »	0 75		917
HUISSERIES ET BATIS					
De 0.054 à 0.08 d'épais- ⎰ reposés	» »	0 30	» »		918
seur sur 0.08 à 0.10 ⎱ reposés et retaillés	» »	0 50	» »		919
de largeur ⎰ façonnés entièrement	0 65	» »	0 80		920
POTEAUX DE REMPLISSAGE					
Ajustés et reposés	» »	0 14	» »		921
Retaillés, ajustés et posés	» »	0 25	» »		922
Façonnés entièrement	0 35	» »	0 45		923
ARTICLE LI					
MOULURES, CYMAISES, BORDURES OU CORNICHES ORDINAIRES					
Reposées	» »	0 14	» »		924
Retaillées et reposées	» »	0 25	» »		925
Façonnées entièrement, de 0.013 à 0.027 d'épaisseur sur 0.04 à 0.06 de largeur	0 35	» »	0 45		926
ARTICLE LII					
CHAMBRANLES RAVALÉS ET ASSEMBLÉS					
Reposés	» »	0 30	» »		927
Retaillés et reposés	» »	0 50	» »		928
Façonnés entière- ⎰ jusqu'à 0.041 d'épaisseur sur 0.08 à 0.10 de largeur	0 85	» »	1 00		929
ment ⎱ jusqu'à 0.08 d'épaisseur sur 0.08 à 0.12 de profil.	1 20	» »	1 50		930
CADRES FIGURANT PANNEAUX					
Reposés	» »	0 20	» »		931
Reposés et retaillés	» »	0 30	» »		932
Façonnés entièrement, de 0.010 à 0.027 sur 0.04 à 0.06 de profil	0 55	» »	0 65		933
Nota. — Ces prix comprennent les coupes d'onglet semblables aux travaux fournis	» »	Observ	» »		934
CORNICHES VOLANTES JUSQU'A 0.15 DE LARGEUR					
Reposées	» »	0 20	» »		935
Par centimètre de largeur en plus	» »	0 01	» »		936
Collées, reposées et retaillées	» »	0 40	» »		937
Par 0.01 en plus de largeur, par centimètre	» »	0 02	» »		938

DÉSIGNATION	SAPIN	CHÊNE ou SAPIN	CHÊNE	OBSERVATIONS	Nᵒˢ D'ORDRE
	fr. c.	fr. c.	fr. c.		
SUITE DES OUVRAGES EN VIEUX BOIS, AU MÈTRE LINÉAIRE					
ARTICLE LIII					
ALAISES					
Reposées....................................	» »	0 25	» »		939
Rainées, collées et reposées...................	» »	0 35	» »		940
Façonnées entièrement.........................	0 50	» »	0 60		941
EMBOITURES					
Rainées, reposées et chevillées.................	» »	0 35	» »		942
Façonnées entièrement, de 0.027 à 0.034 sur 0.05 à 0.08 de largeur..	0 75	» »	1 00		943
NOTA. — Tous les ouvrages compris dans ce chapitre, et qui seront en chêne de choix poli, exécutés avec soin, seront payés 1/3 en plus, compris poli..................................	» »	» »	1/3		944
Lorsque les bois n'auront pas reçu le poli, il sera diminué sur le prix augmenté de 1/3 par mètre linéaire et par centimètre de largeur, **Fr.** 0.01 ; ci...............................	» »	» »	0 01		945

DÉSIGNATION	SAPIN		CHÊNE	OBSERVATIONS	Nᵒˢ D'ORDRE
	fr. c.		fr. c.		

CHAPITRE V
OUVRAGES DIVERS PAR ORDRE ALPHABÉTIQUE

ARTICLE LIV
A

ARRONDISSEMENTS CHANTOURNÉS POUR ANGLES DE TABLETTE
De 0.027 à 0.041 d'épaisseur à la pièce :

DÉSIGNATION	SAPIN		CHÊNE	OBSERVATIONS	Nᵒˢ D'ORDRE
De 0.07 à 0.09 de rayon	0 05		0 07		946
De 0.10 à 0.14.... id	0 08		0 10		947
De 0.15 à 0.20.... id	0 12		0 15		948
Ceux de 0.054, en plus	0 01		0 02		949
Ceux de 0.08....id	0 02		0 04		950

ASSEMBLAGES A TENONS OU A QUEUES FAITS ACCIDENTELLEMENT
ou en plus de 1 par mètre

DÉSIGNATION	SAPIN		CHÊNE	OBSERVATIONS	Nᵒˢ D'ORDRE
Tout assemblage fajt à l'atelier sera payé 1/6 de la valeur du bâtis auquel il appartiendra	» »	Observ	» »		951
Ceux à traits de Jupiter seront payés trois fois ceux ordinaires	» »	Observ	» »		952
Tout assemblage sur le tas 1/2 en plus de la valeur réelle de celui fait à l'atelier, — ordinaires ou à traits de Jupiter	» »	Observ	» »		953
Tout assemblage fait à l'échelle ou à même des parties non démontées, le double de ceux faits sur le tas	» »	Observ	» »		954
Tout assemblage collé, 1/2 en plus de sa valeur réelle	» »	Observ	» »		955
Tout assemblage flotté, le double de sa valeur réelle	» »	Observ	» »		956
Les mortaises vaudront les 2/3 de chaque assemblage	» »	Observ	» »		957

Les arrêts au ciseau ou à la gouge seront payés :

DÉSIGNATION	SAPIN		CHÊNE	OBSERVATIONS	Nᵒˢ D'ORDRE
Ceux de feuillures ou congés	0 08		0 10		958
Ceux de moulures	0 16		0 20		959
Pour moulures, riches profils	0 18		0 25		960

ARTICLE LV
C

CALIBRES EN HÊTRE

DÉSIGNATION	SAPIN		CHÊNE	OBSERVATIONS	Nᵒˢ D'ORDRE
Le centimètre de profil	» »	» »	0 05		961
Nota : Les calibres sont ordinairement au compte des maçons et ne sont accordés que pour des cas accidentels	» »	Observ	» »		962

CLEFS A LA PIÈCE
Prix réduit pour bois de 0.027 à 0.041 d'épaisseur :

DÉSIGNATION	SAPIN		CHÊNE	OBSERVATIONS	Nᵒˢ D'ORDRE
En chêne, incrustées, chevillées dans des parties en chêne et sapin	0 30	» »	0 40		963

DÉSIGNATION	SAPIN		CHÊNE	OBSERVATIONS	Nº D'ORDRE
	fr. c.	fr. c.	fr. c.		
SUITE DES OUVRAGES DIVERS					
Pour les bois au-dessus de 0.041 d'épaisseur, 1/2 en plus des prix ci-dessus............	1/2		1/2		964
Nota : Les clefs ne seront accordées que pour des cas accidentels et lorsque les ouvrages auront été estimés sans plus-values d'assemblage avec clefs............		Observ			965
COINS RONDS					
Coins ronds de châssis ou lambris moulurés ou non de 0.08 à 0.10 de rayon, jusqu'à :					
0.034 d'épaisseur............			1 25		966
0.040 à 0.054............			1 75		967
Les doubles coins ronds aux extrémités d'un petit bois seront payés le double............		Observ			968
Dans les lambris, la plate-bande simple sera payée 1/5 des prix précédents............		Observ			969
Celles à moulures 1/4............		Observ			970
Les coupes d'onglets cintrées seront payées à part dans les coins ronds, qui en exigeront par leurs formes............		Observ			971
COUPES					
Refouillées pour développement des plinthes et cymaises, jusqu'à 0.12............ la pièce	» »	0 25	» »		972
Id. de 0.23 pour stylobates............ la pièce	» »	0 40	» »		973
Biaises, jusqu'à 0.034 d'épaisseur; le mètre linéaire............	» »	0 20	» »		974
Par chaque centimètre en plus............	» »	0 25	» »		975
COUPEMENTS					
Au mètre linéaire : { à la scie à main............	» »	0 25	» »		976
{ au ciseau............	» »	0 60	» »		977
La pièce : { de poteaux, coulisses et entretoises............	» »	0 05	» »		978
{ de solives............	» »	0 25	» »		979
{ de sablières, chevêtres et marches............	» »	0 30	» »		980
{ de solives d'enchevêtrures et pannes............	» »	0 40	» »		981
Les coupements de cloisons hourdées en plâtre à la scie à main seront payés : le mètre linéaire............	» »	1 75	» »		982
Tous les chantournements ou coupements circulaires seront payés 1/3 en plus de leur valeur réelle............	» »	Observ	» »		983
D					
DENTICULES RAPPORTÉES					
Jusqu'à 0.05 de long............ la pièce	0 08		0 10		984
DESSUS DE SIÈGE D'AISANCES					
Ordinaire avec tampons, en chêne de 0.034 d'épaisseur ; avec barres à queue et tasseaux, et de 1 m. 20 à l'équerre............	» »	» »	7 35		985

DÉSIGNATION	SAPIN		CHÊNE	OBSERVATIONS	Nᵒˢ D'ORDRE
	fr. c.	fr. c.	fr. c.		
SUITE DES OUVRAGES DIVERS					
Plus-value pour abattant en chêne, emboîté........................	» »	» »	1 50		986
Pour 0.20 en plus à l'équerre.................................	» »	» »	0 75		987
A l'anglaise à moulures devant, bâtis 0.034 d'épaisseur, abattant 0.027 emboîté, barré à queue et tasseaux, avec trapillon, 1 mètre 20 à l'équerre...	» »	» »	12 60		988
Pour 0.20 en plus à l'équerre.................................	» »	» »	1 25		989
Nota : Les soubassements et les plinthes seront comptés aux prix relatifs des ouvrages auxquels ils appartiennent......................	» »	Observ	» »		990
Toutes les entailles de tiges seront payées.........................	» »	» »	0 25		991
Les entailles des tuyaux aux prix des coupements auxquels elles se rapportent...	» »	Observ	» »		992
ARTICLE LVI					
E					
ENTAILLES (LA PIÈCE)					
Jusqu'à 0.027 d'épaisseur					
A 2 ou 3 arasements, dans des tablettes.......................	0 05	» »	0 07		993
Profilées..	0 10	» »	0 15		994
Celles de 0.031 à 0.054.....................................	0 08	» »	0 20		995
Profilées..	0 15	» »	0 25		996
ENTAILLES A BOIS DE TRAVERS					
Celles faites pour compartiments de casiers jusqu'à 0.025 de largeur d'entailles par 0.02 linéaires.................................	0 01	» »	0 02		997
Par chaque 0.007 de largeur en plus...........................	1/4	» »	1/4		998
Les entailles d'épaulement seront comptées en plus comme entaille à 2 et 3 arasements..	» »	Observ	» »		999
Entailles à la scie...	» »	0 15	» »		1000
Id. au ciseau...	» »	0 30	» »		1001
ARTICLE LVII					
FEUILLURES, MOULURES, RAINURES, LANGUETTES, ARRONDISSEMENTS, NERVURES					
Jusqu'à 0.03 de large inclusivement...........................	0 05	» »	0 08		1002
Chaque 0.01 en plus...	0 01	» »	0 02		1003
Plus-values pour les feuillures et rainures, poussées à bois de travers le triple du prix ci-dessus....................................	» »	3 fois	» »		1004
Chaque membre de moulure sera compté comme une feuillure........	» »	Observ	» »		1005
Nota : Les légers arrondissements en abattage de rive ne seront payés que moitié du prix ci-dessus...................................	» »	Observ	» »		1006
Toutes feuillures, moulures, etc., seront accordées et payées sur toutes les parties en surface, vieilles ou neuves, unies ou d'assemblage....	» »	Observ	» »		1007

DÉSIGNATION	SAPIN fr. c.	fr. c.	CHÊNE fr. c.	OBSERVATIONS	Nᵒˢ D'ORDRE
SUITE DES OUVRAGES DIVERS					
Les trainées faites suivant les sinuosités des murs seront assimilées aux prix des feuillures............	» »	Observ	» »		1008
ARTICLE LVIII **G** **GALLETS EN GAIAC** *Garnis en cuivre, montés sur axe en fer*					
La pièce............	» »	0 50	» »		1009
GOUSSETS PLEINS CHANTOURNÉS (LA PIÈCE)					
Petits de 0.15 à 0.20............	0 30	» »	0 40		1010
Moyens de 0.30............	0 40	» »	0 50		1011
Grands de 0.40 à 0.45............	0 50	» »	0 60		1012
ARTICLE LIX **H** **HACHEMENTS ET CORROYAGES** (MÈTRE LINÉAIRE)					
Jusqu'à 0.05 de large............	0 20	» »	0 25		1013
— 0.081 id.	0 30	» »	0 35		1014
— 0.16 id.	0 45	» »	0 50		1015
Le mètre superficiel............	2 50	» »	3 00		1016
J **JEUX DONNÉS**					
A une petite porte d'armoire. { 1 vantail............	» »	0 25	» »		1017
{ 2 vantaux............	» »	0 35	» »		1018
A une porte ordinaire .... { 1 vantail............	» »	0 30	» »		1019
{ 2 vantaux............	» »	0 45	» »		1020
A une croisée ou persienne... { 1 vantail............	» »	0 35	» »		1021
{ 2 vantaux............	» »	0 55	» »		1022
L **LAMES EN RÉPARATION**					
De persienne de 0.05 à 0.06 de large............	0 55	» »	0 70		1023
De jalousie de 1.00 à 1.30 de long............	0 60	» »	0 80		1024
M **MAROUFLAGE EN FILS ET NERFS DE BŒUF, A LA COLLE FORTE**					
Le mètre superficiel............	» »	» »	1 25		1025
P **PANNEAUX DE PARQUET**					
En chêne, posé et scellé (chacun) { entier............	» »	» »	0 60		1026
{ moitié............	» »	» »	0 35		1027

DÉSIGNATION	SAPIN		CHÊNE	OBSERVATIONS	Nº D'ORDRE
	fr. c.	fr. c.	fr. c.		
SUITE DES OUVRAGES DIVERS					
PERCEMENT DE JOUR DANS UNE PARTIE UNIE					
Carré, de 0.20 et 0.30 développés...........................	0 55	» »	0 65		1028
Rond ou ovale, de 0.20 et 0.30 développés.................	0 65	» »	0 80		1029
PIÈCE ENTAILLÉE A L'EMPLACEMENT					
D'une fiche ou d'une charnière...........................	» »	« »	0 15		1030
D'un petit bois..	» »	» »	0 20		1031
D'une serrure ou d'une paumelle.........................	» »	» »	0 25		1032
PLANCHES A BOUTEILLES					
Pour fourniture, transport et pose, le cent de trous..............	» »	» »	7 00		1033
POULIE DE JALOUSIE					
En réparation, avec axe en fer.................................	» »	0 20	» »		1034
POTENCE OU SUPPORT D'ASSEMBLAGE					
0.027..	0 50	» »	0 65		1035
0.034..	0 60	» »	0 85		1036
0.041..	0 70	» »	0 95		1037
0.054..	0 75	» »	1 30		1038
Les entailles seront payées séparément........................	» »	Observ	» »		1039
R					
RACLAGE DE VIEUX PARQUETS					
Le mètre superficiel..	» »	0 40	» »		1040
REPLANISSAGE DE VIEUX PARQUETS					
Le mètre superficiel..	» »	0 70	» »		1041
ROSETTES DE PORTE-MANTEAUX EN HÊTRE					
Par rosette...	» »	0 20	» »		1042
En couleur...	» »	0 30	» »		1043
ROULON DE RATELIER D'ÉCURIE					
De 0.04 de diamètre et de 0.60 à 0.75 de longueur..............	» »	0 70	» »		1044
S					
SABOTS CINTRÉS					
Pour plinthes...	0 40	» »	0 60		1045

DÉSIGNATION	SAPIN	CHÊNE ou SAPIN	CHÊNE	OBSERVATIONS	N° D'ORDRE
	fr. c.	fr. c.	fr. c.		
SUITE DES OUVRAGES DIVERS					
SOCLES (LA PIÈCE)					
De moulures de 0.027 à 0.034 sur 0.04 à 0.06 et de 0.11 à 0.13.	0 15	» »	0 20		1046
Des chambranles de 0.027 à 0.041 sur 0.08 à 0.10 et de 0.14 à 0.13	0 25	» »	0 35		1047
De marches dansantes ou non, de 0.013 à 0.018 d'épaisseur sur 0.15 à 0.22 de largeur, compris entaille, suivant le profil de la marche, les coupes biaises ou rampantes. — Jusqu'à 0.50, réduits de longueur....................	0 60	» »	0 75		1048
De 0.50 à 0.80 de longueur..	1 00	» »	1 50		1049
Les socles circulaires seront payés 1/3 en plus	1/3	» »	1/3		1050
ARTICLE LX					
T					
TABLETTES A LA PIÈCE					
D'encoignure (compris tassseaux) de 0.15 à 0.20 de rayon	0 45	» »	0 60		1051
De lampions d'illumination.....................................	0 20	» »	0 25		1052
TAQUETS D'ILLUMINATION					
La pièce..	0 15	» »	0 20		1053
TIROIRS					
Têtes de 0.025, côtés de 0.013, assemblés à queues, fonds de 0.013 à 0.018 ;					
De 0.08 de hauteur : 0.32 à l'équerre.............................	» »	1 50	1 65		1054
0.65 id.	» »	2 30	2 60		1055
1.00 id.	» »	3 65	4 10		1056
1.30 id.	» »	4 95	5 75		1057
De 0.11 de hauteur : 0.32 à l'équerre	» »	1 70	1 90		1058
0.65 id.	» »	2 75	3 10		1059
1.00 id.	» »	4 25	4 90		1060
1.30 id.	» »	5 95	6 75		1061
Aux tiroirs en chêne et sapin, le fond est en sapin.............	» »	Observ	» »		1062
NOTA. Les autres tiroirs dont les dimensions ne figurent pas ici, seront réglés proportionnellement aux prix ci-dessus.................		Observ	» »		1063
Entailles dans les traverses de ceinture pour recevoir les tiroirs de : 0.32 à l'équerre..................	» »	0 20	» »		1064
0.65 id.	» »	0 30	» »		1065
1.00 id.	» »	0 45	» »		1066
1.30 id.	» »	0 60	» »		1067
TOURNAGE D'UN PIED DE BUREAU					
Sera payé à sa valeur réelle suivant les profils, mais ne pourra être moindre de	» »	1 00	» »		1068
Trous percés et tamponnés en pierre dure ou brique.............	» »	0 08	» »		1069

DÉSIGNATION	SAPIN	CHÊNE ou SAPIN	CHÊNE	OBSERVATIONS	N° D'ORDRE
	fr. c.	fr. c.	fr. c.		
SUITE DES OUVRAGES DIVERS					
OBSERVATIONS. — Les ouvrages non compris à la présente série seront réglés aux prix des mêmes ouvrages, et, dans le cas contraire, par analogie avec ceux auxquels ils auront plus de rapport	» »	Observ	» »		1070
Tous les ouvrages en chêne poli donneront lieu aux mêmes plus-values pour les articles divers que pour ceux en linéaire ou en surface	» »	Observ	» »		1071
Tous les prix de règlement ci-dessus s'appliquent à des travaux qui auront employé au moins la journée d'un ouvrier..............	» »	Observ	» »		1072
Pour les travaux minimes qui n'auraient pas employé la journée, il sera ajouté à l'ensemble du règlement pour le dérangement de l'ouvrier le prix d'une heure, sauf pour les travaux comptés en journées d'attachement...........................	» »	Observ	» »		1073

NOTA. — Une Commission est chargée de recevoir au Siége de la Chambre les observations relatives aux prix de règlement.

PARIS. — TYPOGRAPHIE GUÉRIN, RUE DU PETIT-CARREAU, 26

* 9 7 8 2 0 1 3 3 9 8 8 7 9 *